4行会話で即効！
すぐに話せる中国語入門

鄭　嵐

朝日出版社

音声ダウンロード

音声再生アプリ「リスニング・トレーナー」(無料)

朝日出版社開発のアプリ、「リスニング・トレーナー(リストレ)」を使えば、教科書の音声をスマホ、タブレットに簡単にダウンロードできます。どうぞご活用ください。

まずは「リストレ」アプリをダウンロード

› App Store はこちら

› Google Play はこちら

アプリ【リスニング・トレーナー】の使い方

❶ アプリを開き、「**コンテンツを追加**」をタップ

❷ QRコードをカメラで読み込む

❸ QRコードが読み取れない場合は、画面上部に **45402** を入力し「Done」をタップします

QRコードは㈱デンソーウェーブの登録商標です

Webストリーミング音声

http://text.asahipress.com/free/ch/245402

黑龙江
黑龙江
松花江
哈尔滨
长春
吉林
内蒙古自治区
沈阳
北京市
辽宁
朝鲜
呼和浩特
恒山
渤海
河北
天津市
银川
太原
石家庄
韩国
山西
济南
泰山
山东
黄海
日本
陕西
黄
河
嵩山
郑州
西安
华山
河南
江苏
合肥
南京
太湖
上海市
湖北
武汉
安徽
黄山
杭州
长
江
庐山
鄱阳湖
浙江
重庆市
洞庭湖
南昌
东海
长沙
江西
湖南
贵州
衡山
福州
贵阳
福建
台北
北回帰線
台
湾
海
峡
台湾
广西壮族自治区
广东
南宁
西江
广州
澳门
香港
南
海口
南海
海南
0
400
800km
50°
45°
40°
135°
35°
30°
25°
130°
20°
110°
115°
120°
125°

はじめに

本書は、中国語を初めて学ぶ大学生用に週１コマ授業で１年間の学習量を想定して作成したものです。

発音編と本文編の２部で構成されています。本文編は 12 課設けています。各課は A 編と B 編に分かれ、同じテーマを扱っています。各課のテーマは TJF の『外国語学習のめやす』を参考にし、基本的なコミュニケーションを中心とした内容に設定しました。文法ポイントは、HSK１級および２級に対応した文法を使用しています。会話文は短く、４行に収まっているため、音読と暗唱を繰り返す学習方法をお勧めします。また、各課の補充語句を使うことで会話内容をより豊かにすることができます。

本書は初心者が発音しやすい単語、汎用性の高い文型を使用しています。学習者に短時間で「聞く能力」「書く能力」「読む能力」「話す能力」が身につくことを願っております。

本書出版にあたり、徳島大学大村和人先生から貴重なご指導、ご助言を賜り、朝日出版社の中西陸夫さんから全面的なサポートをいただきました。朝日出版社の宇都宮佳子さんにもご尽力いただきました。心より感謝申し上げます。

2024 年春　　　鄭　嵐

目　次

本テキストの品詞名略語

【名】名詞　【代】代名詞　【動】動詞　【形】形容詞　【疑代】疑問代詞
【助】助詞　【助動】助動詞　【副】副詞　【数】数詞　【量】助数詞
【前】前置詞　【方】方位詞　【接】接続詞　【成】成語　【固】固定詞
【感】感嘆詞　【連】フレーズ、連語

中国語の基礎知識

1 私たちが学ぶ「中国語」とは

中国は 56 の民族が暮らす多民族国家である。それぞれの民族には固有の言語があるが、人口の 90%以上を占める漢民族の言葉が「汉语 Hànyǔ」である。「汉语」は私たちがこれから学ぶ「中国語」である。中国人は「汉语 Hànyǔ」または「中文 Zhōngwén」と呼んでいる。

2 「普通话 pǔtōnghuà」とは

「汉语」には方言がいくつか存在する。地域により方言はまるで外国語のようにお互いに通じない場合がある。全国どこでも通じる共通語が必要になってくるため、1950 年代なかばから中華人民共和国は「普通话」を制定し、全国に普及し始めた。現在、「普通话」はテレビ、新聞、教育など公の場で広く用いられている。「普通话」には次の基準が設けられている。

発音	北京語の発音を標準とする。
語彙	北方方言を語彙の基準とする。
文法	模範的な現代口語文の著作を文法の規範とする。

3 簡体字とは

昔から中国で使われていた漢字の画数を減らし、字体を簡略化したものを「简体字 jiǎntǐzì」という。それに対して昔の字体を「繁体字 fántǐzì」という。簡体字は現代中国語の正式な字体として新聞、出版物、公文書などで使われている。

簡体字	繁体字	日本の漢字
汉	漢	漢
国	國	国
气	氣	気
关	關	関
图	圖	図

4 ピンインとは

漢字は表意文字である。各地の人や外国人が「普通話」を習う時、どのような基準で発音するのかという問題がある。1958 年中国政府により「汉语拼音方案」が公布され、ラテン文字のアルファベットを使用し、その上に音の高低を表す符号「声調」を加え、中国語の音声を表記する方法として定められた。それを「拼音 pīnyīn」“ピンイン” と呼ぶ。

běn	dà	wáng	měi
本	大	王	美

発 音 編

1 声調

001

「普通话」は、音の高低によって 4 種類の声調がある。「四声」とも呼ばれる。

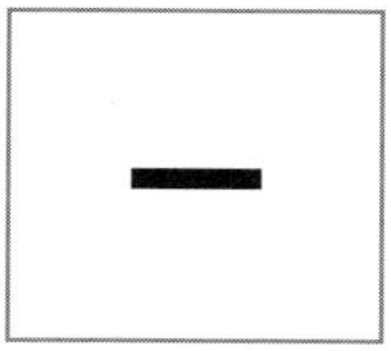

第一声
ā
mā
妈
（お母さん）

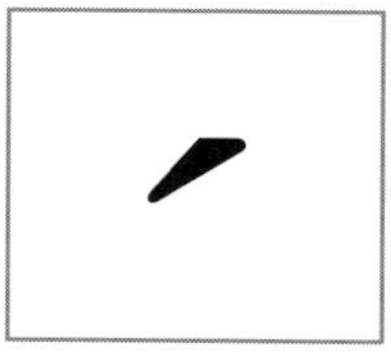

第二声
á
má
麻
（麻）

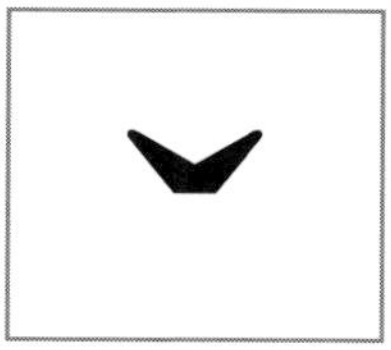

第三声
ǎ
mǎ
马
（馬）

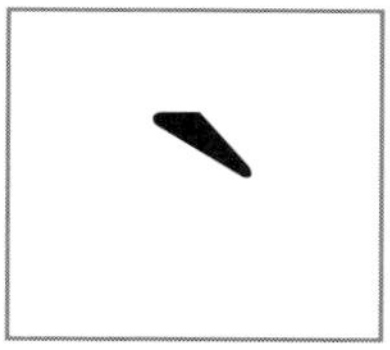

第四声
à
mà
骂
（ののしる）

第一声　高く平らに発音する。

第二声　低い音から高い音へ、一気に上がる。

第三声　低く抑え、語尾をやや上げる。

第四声　高い音から低い音へ、一気に下げる。

2 軽声

002

四声のほかに「軽声」がある。前の音節に続けて軽く短く発音する。軽声には声調記号がつかない。

例：wǒ de 我 的（私の）　hǎo ba 好 吧（いいですよ）　zǎoshang 早 上（朝）　wǎnshang 晚 上（夜）

yéye
爷爷
（おじいさん）

nǎinai
奶奶
（おばあさん）

lǎoye
姥爷
（おじいさん）

lǎolao
姥姥
（おばあさん）

bàba
爸爸
（お父さん）

māma
妈妈
（お母さん）

3 単母音

003

中国語の単母音は、7つある。

a

日本語の「ア」より口を大きく開けて舌を下げて発音する。

ā　á　ǎ　à

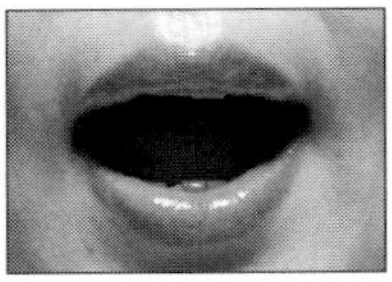

o

日本語の「オ」よりも口を丸くして突き出すようにして発音する。

ō　ó　ǒ　ò

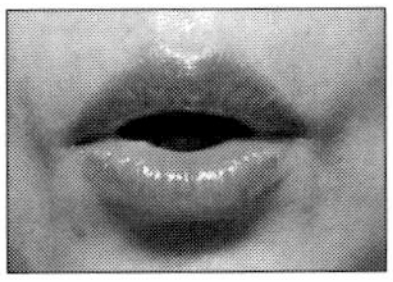

e

日本語の「エ」よりも上下歯の隙間を大きくし、口を左右に開き、舌が引っ込んだままで発音する。

ē　é 鹅（ガチョウ）　ě　è 饿（ひもじい）

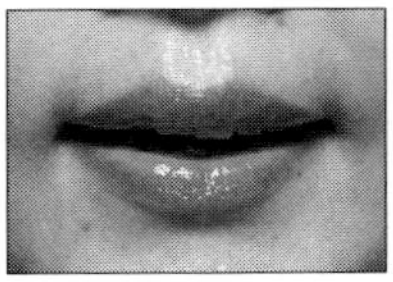

i (yi)

日本語の「イ」よりも口を左右に引いて発音する。

※ i の前に子音がない時 yi と表記する。

※ i に声調をつける時は、上の「·」を省略する。　例：yǐ

yī 一（一）　yí 姨（おばさん）　yǐ 椅（椅子）　yì 艺（芸）

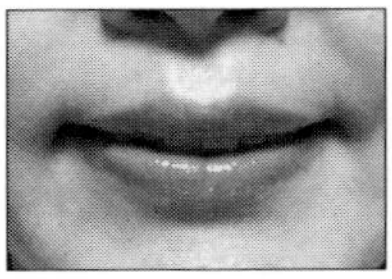

u (wu)

日本語の「ウ」よりも唇を丸めて突き出して発音する。

※ u の前に子音がない時 wu と表記する。

wū 屋（部屋）　wú 无（無）　wǔ 五（五）　wù 物（物）

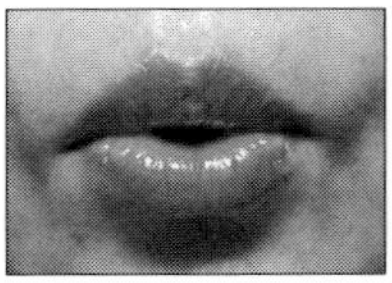

ü (yu)

唇の形を丸くして日本語の「イ」を発音する。

※ ü の前に子音がない時 yu と表記する。

yū 迂（迂）　yú 鱼（魚）　yǔ 雨（雨）　yù 欲（欲する）

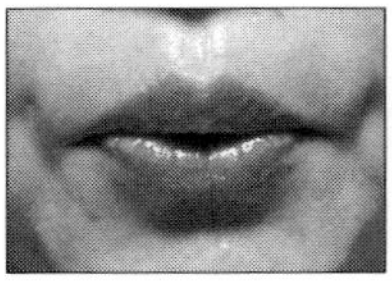

er

「e」を発音する要領で舌先をそり上げる。

ér 儿（児）　ěr 耳（耳）　èr 二（二）

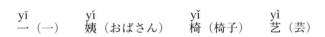

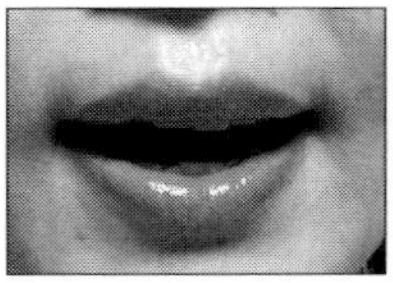

練習

1 発音の違いに注意して練習しましょう。 004

① a — e　② yi — yu　③ e — o

④ wu — yu　⑤ e — er　⑥ o — wu

2 音声を聞いて、発音されたピンインに○をつけましょう。 005

① ā — ǎ　② ó — ò　③ ē — è

④ ó — wú　⑤ wú — wǔ　⑥ ēr — ěr

⑦ wū — ē　⑧ yǐ — yǔ　⑨ ē — ēr

4 子音 006

	(無気音)	(有気音)		
唇音 しんおん	b (o)	p (o)	m (o)	f (o)
舌尖音 ぜっせんおん	d (e)	t (e)	n (e)	l (e)
舌根音 ぜっこんおん	g (e)	k (e)	h (e)	
舌面音 ぜつめんおん	j (i)	q (i)	x (i)	
そり舌音 じたおん	zh (i)	ch (i)	sh (i)	r (i)
舌歯音 ぜっしおん	z (i)	c (i)	s (i)	

※無気音と有気音

無気音：息の音をしないようにそっと発音する。

有気音：息の音が聞こえるように強くして発音する。

※（　）内の母音をつけて発音を行う。

発音の要領

007

b 弱い息で閉じている両唇の閉鎖を破って発音する。日本語の「バ」行の子音に似ている。（無気音）

bā	bó	bǐ	bù
八（八）	博（博）	比（比べる）	不（いいえ）

p bと同じ要領で強く息を出す。日本語の「パ」行の子音に似ている。（有気音）

pō	pó	pǐ	pà
坡（坂）	婆（お婆さん）	匹（匹）	怕（怖がる）

m 唇を閉じて、息を鼻から抜く。日本語の「マ」行の子音に似ている。

mō	mí	mǐ	mù
摸（触る）	迷（迷う）	米（米）	木（木）

f 上の歯を下の唇の内側に軽くあてて、息を歯と唇による隙間から出す。英語の「f」に近い。

fū	fú	fǎ	fù
肤（肌）	福（福）	法（方法）	副（副）

008

d 舌の先を上の歯茎につけて、弱い息で舌と歯茎による閉鎖を破って発音する。日本語の「ダ」行の子音に似ている。（無気音）

dī	dá	dǎ	dà
低（低い）	答（答える）	打（打つ）	大（大）

t dと同じ要領で強く息を出す。日本語の「タ」行の子音に似ている。（有気音）

tī	tí	tǎ	tè
踢（蹴る）	题（題）	塔（タワー）	特（特）

n 舌の先を上の歯茎に軽くつけて、息を鼻から抜く。日本語の「ナ」行の子音に似ている。

ná	nǚ	nù	nì
拿（持つ）	女（女性）	怒（怒る）	溺（溺れる）

l 舌の先を上の歯茎から離す瞬間に息を舌の両側から出す。日本語の「ラ」行の子音に似ている。

lā	lí	lǐ	lǜ
拉（引く）	梨（梨）	里（中）	绿（緑）

009

g 舌根を硬口蓋と軟口蓋の境目におしつけて、弱い息で舌根により閉鎖を破って発音する。日本語の「ガ」行の子音に似ている。（無気音）

gē	gé	gǔ	gù
歌（歌）	革（革）	骨（骨）	雇（雇う）

k　gと同じ要領で強く息を出す。日本語の「カ」行の子音に似ている。(有気音)

kū 哭(泣く)　kě 咳(咳)　kě 渴(渇く)　kè 课(課)

h　舌根を軟口蓋に引っ込ませて、息を舌と軟口蓋による隙間から摩擦させながら出す。日本語の「ハ」行の子音に似ている。

hē 喝(飲む)　hé 河(川)　hǔ 虎(虎)　hè 鹤(鶴)

010 **j**　口を左右を引いて、舌面を硬口蓋から離す瞬間に弱い息を隙間から出す。日本語の「ジ」の子音に似ている。(無気音)

jī 机(機)　jú 局(局)　jǔ 举(挙げる)　jù 剧(劇)

※jの後に、üが続く時に「¨」を省略して表記する。　j + ü → ju

q　jと同じ要領で強く息を出す。日本語の「チ」の子音に似ている。(有気音)

qī 七(七)　qū 区(区)　qǔ 曲(曲)　qù 去(行く)

※qの後に、üが続く時に「¨」を省略して表記する。　q + ü → qu

x　口を左右を引いて、舌面を硬口蓋の前に近づかせ、息を隙間から摩擦させながら出す。日本語の「シ」の子音に似ている。

xī 西(西)　xú 徐(徐)　xǐ 洗(洗う)　xù 续(続く)

※xの後に、üが続く時に「¨」を省略して表記する。　x + ü → xu

011 **zh**　舌の先を上に巻き上げ、硬口蓋の前におしつけ、弱い息で舌と口蓋による閉鎖を破り、摩擦させながら息を出す。(無気音)

zhī 知(知)　zhū 猪(豚)　zhí 直(直)　zhǐ 纸(紙)

ch　zhと同じ要領で強く息を出す。(有気音)

chī 吃(食べる)　chē 车(車)　chá 茶(お茶)　chǐ 尺(尺)

sh　舌の先を上に巻き上げ、硬口蓋の前に近づけ、隙間を残す。強い息で摩擦させながら息を出す。

shū 书(本)　shí 十(十)　shǔ 鼠(ネズミ)　shì 事(事)

r　舌の先を上に巻き上げ、硬口蓋の前に近づけ、隙間を残す。声帯をふるわせると同時に、強い息を摩擦させながら息を出す。

rì	rè	rǔ	rú
日（日）	热（熱い）	乳（乳）	儒（儒）

012

z　舌の先を上の歯の裏につけて、弱い息で舌と歯による閉鎖を破って摩擦させながら息を出す。日本語の「ヅ」の子音に似ている。（無気音）

zī	zé	zǐ	zì
资（資）	则（則）	子（子）	字（字）

c　z と同じ要領で強く息を出す。日本語の「ツ」の子音に似ている。（有気音）

cū	cí	cǐ	cì
粗（粗）	词（詞）	此（此）	次（次）

s　舌の先を上の歯の裏に近づけ、隙間を残す。息を摩擦させながら出す。

sī	sú	sǐ	sì
思（思う）	俗（俗）	死（死）	四（四）

練習

1 有気音と無気音の違いに注意して発音しましょう。 013

bō — pō　　dē — tē

gé — kū　　jú — qǔ

zhá — chá　　zì — cǐ

2 舌の位置に注意して発音しましょう。 014

zī — zhī　　cí — chí　　sǐ — shǐ

jī — zì　　qí — cī　　xǐ — sī

3 音声を聞いて、発音されたピンインに○をつけましょう。 015

① bā — pā　　② zhè — zè　　③ dǔ — tǔ

④ gū — kū　　⑤ mǐ — nǐ　　⑥ fù — hù

5 複母音

016

ai	ei	ao	ou	
ia (ya)	ie (ye)	ua (wa)	uo (wo)	üe (yue)
iao (yao)	iou (you)	uai (wai)	uei (wei)	

※複母音の e 発音は単母音の e と異なり、日本語の「エ」と似ている。

発音の要領

017

ai　a を強く発音した後、滑らかに i を軽く添える。

āi 哀（哀）　ái 癌（癌）　ǎi 矮（背が低い）　ài 爱（愛）

ei　日本語の「エ」を強く発音した後、滑らかに i を軽く添える。

fēi 飞（飛ぶ）　léi 雷（雷）　měi 美（美しい）　nèi 内（内）

ao　a を強く発音した後、滑らかに o を軽く添える。

dāo 刀（ナイフ）　láo 劳（労）　shǎo 少（少ない）　bào 抱（抱く）

ou　o を強く発音した後、滑らかに u を軽く添える。

zhōu 周（周）　lóu 楼（ビル）　gǒu 狗（犬）　hòu 厚（厚い）

ia　i を弱く発音した後、滑らかに a を強く発音する。

yā 鸭（鴨）　yá 牙（歯）　yǎ 雅（雅）　jià 价（価格）

※ i で始まる複母音の前に子音が付かないときに y と表記する。

ie　i を弱く発音した後、滑らかに日本語の「エ」を強く発音する。

qiē 切（切る）　yé 爷（お爺さん）　yě 也（も）　yè 夜（夜）

ua　uを弱く発音した後、滑らかにaを強く発音する。

wā 挖（掘る）　wá 娃（子供）　wǎ 瓦（瓦）　huà 画（画）

※uで始まる複母音の前に子音が付かないときにwと表記する。

uo　uを弱く発音した後、滑らかにoを強く発音する。

wō 涡（渦）　guó 国（国）　wǒ 我（私、一人称）　wò 握（握る）

üe　üを弱く発音した後、滑らかに日本語の「エ」を強く発音する。

yuē 约（約）　quē 缺（欠乏する）　xuě 雪（雪）　yuè 月（月）

※üで始まる複母音の前に子音が付かないときにyuと表記する。

※üeの前にj, q, xがある時に「¨」を省略して表記する。

j + üe → jue　q + üe → que　x + üe → xue

018

iao　iを弱く発音した後、滑らかにaを強く発音して、素早くoを添える。日本語の「ィアォ」に近い。

yāo 腰（腰）　yáo 摇（揺れる）　yǎo 咬（咬む）　yào 药（薬）

※iaoの前に子音が付かないときにyaoと表記する。

iou　iを弱く発音した後、滑らかにoを強く発音して、素早くuを添える。日本語の「ィオゥ」に近い。

iouの前に子音がない場合、youと表記する。

yōu 优（優）　yóu 油（油）　yǒu 有（ある）　yòu 幼（幼い）

iouは前に子音がつくとき、真ん中のoが弱くなり、iuと表記する。

liū 溜（滑って進む）　liú 流（流す）　liǔ 柳（柳）　liù 六（六）

uai　uを弱く発音した後、滑らかにaを強く発音して、素早くiを添える。日本語の「ゥアィ」に近い。

wāi 歪（歪む）　huái 怀（懐）　guǎi 拐（曲がる）　kuài 筷（箸）

※uの前に子音が付かないときにwと表記する。

uei　uを弱く発音した後、滑らかにeを強く発音して、素早くiを添える。日本語の「ゥエィ」に近い。

uei の前に子音がない場合、wei と表記する。

wēi	wéi	wěi	wèi
危（危）	围（囲む）	尾（尾）	味（味）

uei は前に子音がつくとき、真ん中のeが弱くなり、ui と表記する。

tuī	huí	shuǐ	guì
推（押す）	回（回）	水（水）	贵（値段が高い）

声調の付け方

声調記号は母音の上に付ける。

★ a があれば a に。	bái	máo
★ a がなければ e か o に。	lóu	pèi
★ iu, ui の場合は後ろの音に。	huí	liù

練習

1 次の発音を練習してみましょう。 019

bàozhǐ（报纸）　jiěmèi（姐妹）　cèsuǒ（厕所）

wàiguó（外国）　hǎochī（好吃）　Rìyǔ（日语）

2 音声を聞いて、発音されたピンインに〇をつけましょう。 020

① yā（压） — yāo（腰）　② wài（外） — wàn（万）

③ shǒu（手） — shǎo（少）　④ bǎi（百） — bǎo（宝）

⑤ léi（雷） — lái（来）　⑥ duō（多） — tuō（拖）

6 鼻母音（n と ng）

021

前鼻音		奥鼻音	
an		ang	
en		eng	
in	(yin)	ing	(ying)
ian	(yan)	iang	(yang)
uan	(wan)	uang	(wang)
uen	(wen)	ueng	(weng)
üan	(yuan)		
ün	(yun)		
		ong	
		iong	(yong)

※（　）は、前に子音が付かない場合の表記。

発音の要領

022

an　a を発音した後、素早く舌の先を上の歯茎に押しつけ、息を鼻から抜く。

ān 安（安）　lán 蓝（青色）　bǎn 板（板）　àn 案（案）

ang　a より口の上下をやや広げで発音した後、素早く舌根を軟口蓋に押しつけ、息を鼻から抜く。

fāng 方（方形）　láng 狼（狼）　dǎng 党（党）　shàng 上（上）

en　e を発音した後、素早く舌の先を上の歯茎に押しつけ、息を鼻から抜く。

zhēn 真（真）　rén 人（人）　běn 本（ノート）　hèn 恨（恨む）

eng　e より口の上下をやや広げで発音した後、素早く舌根を軟口蓋に押しつけ、息を鼻から抜く。

fēng 风（風）　péng 棚（棚）　děng 等（等）　mèng 梦（夢）

in (yin)　i を発音した後、素早く舌の先を上の歯茎に押しつけ、息を鼻から抜く。

yīn 音（音）　yín 银（銀）　yǐn 饮（飲む）　yìn 印（印）

ing (ying)　i を発音した後、素早く舌根を軟口蓋に押しつけ、息を鼻から抜く。

yīng 樱（桜）　yíng 赢（勝）　yǐng 影（影）　yìng 硬（硬い）

ian (yan)

i を短く発音した後、an の発音の要領と同じ。

yān 烟（タバコ）　yán 盐（塩）　diǎn 点（点）　diàn 店（店）

iang (yang)

i を短く発音した後、ang の発音の要領と同じ。

jiāng 姜（ショウガ）　niáng 娘（お母さん）　yǎng 养（養う）　yàng 样（様子）

uan (wan)

u を短く発音した後、an の発音の要領と同じ。

guān 关（閉める）　tuán 团（団）　wǎn 碗（碗）　wàn 万（万）

uang (wang)

u を短く発音した後、ang の発音の要領と同じ。

guāng 光（光）　wáng 王（王）　guǎng 广（広い）　wàng 望（眺める）

uen (wen)

u を短く発音した後、en の発音の要領と同じ。

wēn 温（温）　wén 文（文）　wěn 稳（穏やかな）　wèn 问（聞く）

※ uen の前に子音が付くと -un となる。

chūn 春（春）　lún 轮（輪）　gǔn 滚（転がる）　kùn 困（眠くなる）

ueng (weng)

u を短く発音した後、eng の発音の要領と同じ。

wēng 翁（年寄りの男性）

üan (yuan)

ü を短く発音した後、an の発音の要領と同じ。

yuān 渊（淵）　yuán 圆（円）　xuǎn 选（選ぶ）　quàn 劝（勧）

※ üan の前に j, q, x がある時に「¨」を省略して表記する。

ün (yun)

ü を発音した後、素早く舌の先を上の歯茎に押しつけ、息を鼻から抜く。

jūn 君（君）　yún 云（雲）　xùn 训（訓）

※ ün の前に j, q, x がある時に「¨」を省略して表記する。

ong

o より口をやや大きく開けて発音した後、素早く舌根を軟口蓋に押しつけ、息を鼻から抜く。

zhōng 钟（時計）　tóng 同（同じ）　kǒng 孔（あな）　dòng 冻（凍る）

iong (yong)	i を短く発音した後、ong の発音の要領と同じ。			
	xiōng 凶（凶）	xióng 熊（熊）	yǒng 永（永）	yòng 用（用いる）

練習

1 前鼻音と奥鼻音の違いに注意して発音しましょう。 023

bān（搬） — bāng（帮）　　fēn（分） — fēng（风）

jīn（金） — jīng（精）　　wén（文） — néng（能）

qián（钱） — qiáng（强）　　xiān（鲜） — xiāng（香）

2 音声を聞いて、発音されたピンインに○をつけましょう。 024

① lán — láng　　② wēn — wēng

③ yān — yāng　　④ huán — huáng

⑤ liǎn — liǎng　　⑥ jūn — juān

7 声調の変化 025

① 第３声の声調変化

⑴ 第３声の音節が２つ続く場合、前の第３声の音節を第２声に発音する。

第3声 ＋ 第3声 ➡ 第2声 ＋ 第3声

nǐ hǎo 你 好（こんにちは）	➡	ní hǎo
shǒu biǎo 手 表（腕時計）	➡	shóu biǎo
shuǐ guǒ 水 果（果物）	➡	shuí guǒ
xǐ zǎo 洗 澡（入浴する）	➡	xí zǎo

(2) 第３声に、第１声、第２声、第４声、軽声が続く場合、第３声を低く下げる前半分を発音する。

半３声＋第１声	shǒudū 首 都（首都）	lǎoshī 老 师（先生）
半３声＋第２声	Měiguó 美 国（アメリカ）	qǐchuáng 起 床（起きる）
半３声＋第４声	hǎokàn 好 看（美しい）	lǐmào 礼 貌（マナー）
半３声＋軽声	yǐzi 椅 子（椅子）	jiǎozi 饺 子（餃子）

② “不 bù” の声調変化

“不” は本来 bù と発音するが、第４声が続く場合、第２声に変調して発音する。

bù 不 ＋ 第４声 ➡ bú 不 ＋ 第４声

bù shì
不 是（いいえ） ➡ bú shì

bù huì
不 会（できない） ➡ bú huì

③ “一 yī” の声調変化

“一” は本来 yī と発音するが、続く声調により、変調して発音する。

yī 一 ＋ 第４声 ➡ yí ＋ 第４声

yī cì
一 次（一回） ➡ yí cì

yī 一 ＋ 第１声 第２声 第３声 ➡ yì ＋ 第１声 第２声 第３声

yī tiān
一 天（一日） ➡ yì tiān

yī nián
一 年（一年） ➡ yì nián

yī wǎn
一 晚（一晚） ➡ yì wǎn

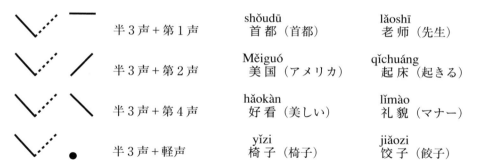

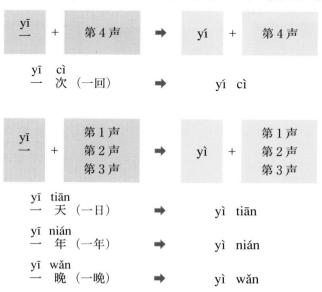

8 r化音 026

音節の語尾に “er” と結合することにより、直前の音節の母音が変化し、語全体の終わりに舌をそり上げる現象は「r化」という。漢字では最後に “儿”、ピンインには “r” と表記する。直前にくる音によって、発音のパターンが次のように変わる。

	綴り		実際の発音
(1) -a、-o、-e、-u	花儿	huār	huār
	猴儿	hóur	hóur
	歌儿	gēr	gēr
	豆儿	dòur	dòur
(2) -i、-ü	小鸡儿	xiǎojīr	xiǎojīer
	金鱼儿	jīnyúr	jīnyúer
(3) -n	信儿	xìnr	xìr
	玩儿	wánr	wár
(4) -ng	亮儿	liàngr	liànr
	瓶儿	píngr	pínr

※ -ng を含む音節は直前の母音が鼻音化する。

練習

1 単語を発音してみましょう。 027

筷子
kuàizi
（お箸）

皮蛋
pídàn
（ピータン）

糖葫芦
tánghúlu
（タンフールー）

京剧脸谱
jīngjù liǎnpǔ
（京劇の臉譜）

2 数字を覚えましょう。 028

yī	èr	sān	sì	wǔ	liù	qī	bā	jiǔ	shí
一	二	三	四	五	六	七	八	九	十

shíyī 十一　shí'èr 十二　……　èrshí 二十　èrshíyī 二十一　……　jiǔshíjiǔ 九十九

yìbǎi 一百　yìbǎilíngyī 一百零一　yìbǎilíng'èr 一百零二　……

yìbǎiyī 一百一（shí 十）　yìbǎiyīshíyī 一百一十一　……

èrbǎi 二百（liǎngbǎi 两百）　……　yìqiān 一千　……　yíwàn 一万

3 よく使う言葉を覚えましょう。 029

谢谢。	Xièxie.	ありがとうございます。
不 客气。	Bú kèqi.	どういたしまして。
对不起。	Duìbuqǐ.	すみません。
没 关系。	Méi guānxi.	かまいません。
大家 好。	Dàjiā hǎo.	みなさん、こんにちは。
老师 好。	Lǎoshī hǎo.	先生、こんにちは。
开始 上 课。	Kāishǐ shàng kè.	授業がはじまります。
请 跟 我 读。	Qǐng gēn wǒ dú.	私について読んでください。
下 课。	Xià kè.	授業が終わります。

第1课

自己紹介（1） 身分と名前

A 篇 (piān)

030

王小帅： 你 好！你 是 留学生 吗？
Nǐ hǎo! Nǐ shì liúxuéshēng ma?

福田千惠： 你 好！我 是 留学生。
Nǐ hǎo! Wǒ shì liúxuéshēng.

王小帅： 你 是 韩国人 吗？
Nǐ shì Hánguórén ma?

福田千惠： 不 是。我 是 日本人。
Bú shì. Wǒ shì Rìběnrén.

新出語句

031

- 你好 Nǐ hǎo 【連】こんにちは
- 你 nǐ 【代】あなた
- 是 shì 【動】～である、はい
- 留学生 liúxuéshēng 【名】留学生
- 吗 ma 【助】～か（諾否疑問の文末に）
- 我 wǒ 【代】わたし、ぼく
- 韩国人 Hánguórén 【名】韓国人
- 不 bù 【副】～ない、いいえ
- 日本人 Rìběnrén 【名】日本人

文法ポイント

032

1 人称代名詞

	単数	複数
第一人称	我 wǒ わたし	我们 wǒmen ／ 咱们 zánmen わたしたち
第二人称	你 nǐ ／ 您 nín あなた	你们 nǐmen あなたたち
第三人称	他 tā 彼 她 tā 彼女 它 tā それ	他们 tāmen 彼ら 她们 tāmen 彼女ら 它们 tāmen それら

※ "您" は二人称単数の尊敬表現。
※ "咱们" は聞き手も含めた私たち。
※ "它" は人間以外のものを指す。

2 "是" 構文

主語 ＋ "是" ＋ 名詞　　～は～である

主語が何であるかを判断し、説明する。否定は副詞 "不" を "是" の前に置く。

▶我是日本人。　Wǒ shì Rìběnrén.

▶她不是老师。　Tā bú shì lǎoshī.

※ "不 bù" は後ろに第 4 声がくると、第 2 声に変調する。

老师 【名】先生
lǎoshī

3 "吗" 疑問文　～か？

平叙文の文末に "吗" をつける疑問文。相手に Yes か No かの答えを求める。

▶你是学生吗？　Nǐ shì xuésheng ma?

——是。我是学生。　Shì. Wǒ shì xuésheng.

▶你是中国人吗？　Nǐ shì Zhōngguórén ma?

——不是。我是日本人。　Bú shì. Wǒ shì Rìběnrén.

学生 【名】学生
xuésheng

中国人 【名】中国人
Zhōngguórén

1

関連語句

033

- □ 日本 Rìběn 【名】日本
- □ 中国人 Zhōngguórén 【名】中国人
- □ 美国人 Měiguórén 【名】アメリカ人
- □ 法国人 Fǎguórén 【名】フランス人
- □ 德国人 Déguórén 【名】ドイツ人
- □ 警察 jǐngchá 【名】警察
- □ 厨师 chúshī 【名】料理人
- □ 服务员 fúwùyuán 【名】店員
- □ 大学生 dàxuéshēng 【名】大学生
- □ 中学生 zhōngxuéshēng 【名】中学生、高校生
- □ 小学生 xiǎoxuéshēng 【名】小学生

練習問題

1 音声を聞いて、内容と一致する絵をA～Dから選んでください。 034

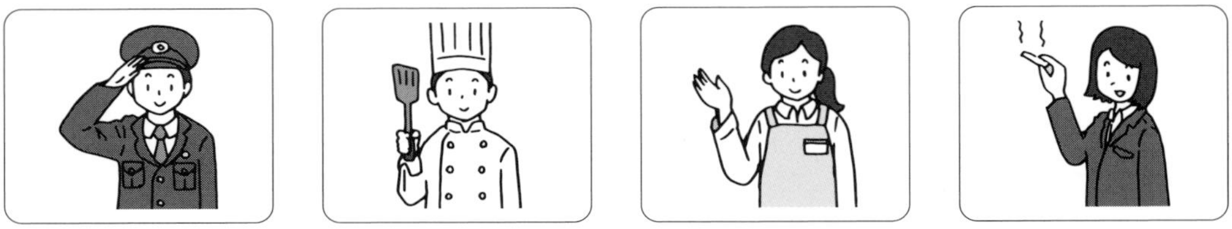

A　　B　　C　　D

① 厨师　（　　　）
② 老师　（　　　）
③ 服务员　（　　　）
④ 警察　（　　　）

2 音声を聞いて発音に合っているピンインを選んでください。 035

① wǒ　　wǎ
② Rìběnrén　　Rìběnlán
③ shì　　sì
④ liúxuéshēng　　liúxuéchēng

3 次のピンインを簡体字に直し、日本語に訳してください。

① Wǒ shì liúxuéshēng.

簡体字 ________________

日本語 ________________

② Wǒ bú shì Zhōngguórén.

簡体字 ________________

日本語 ________________

4 日本語の意味に合わせて、単語を順に並べ替えてください。

① 德国人　是　不　他（彼はドイツ人ではありません。）

____

② 是　吗　他们　老师（彼らは先生ですか。）

____

5 次の文を中国語に訳してください。

① 私は中学生ではありません。

____

② あなたは店員ですか。

____

piān

B 篇

036

王小帅：我 叫 王 小帅。你 叫 什么 名字？
Wǒ jiào Wáng Xiǎoshuài. Nǐ jiào shénme míngzi?

福田千惠：我 姓 福田，叫 福田 千惠。
Wǒ xìng Fútián, jiào Fútián Qiānhuì.

王小帅：认识 你，很 高兴。
Rènshi nǐ, hěn gāoxìng.

福田千惠：初次 见面，请 多 关照。
Chūcì jiànmiàn, qǐng duō guānzhào.

新出語句

037

- 叫 jiào 【動】（名前は）～という
- 什么 shénme 【疑代】何、どんな
- 名字 míngzi 【名】氏名、名前
- 姓 xìng 【動】（苗字は）～という
- 认识 rènshi 【動】見知る、知っている
- 很 hěn 【副】とても
- 高兴 gāoxìng 【形】うれしい、楽しい
- 初次见面，请多关照。
  Chūcì jiànmiàn, qǐng duō guānzhào.
  【連】はじめまして、よろしくお願いします。

文法ポイント

038

1 名前の言い方

苗字だけを名乗る言い方とフルネームを名乗る言い方がある。また、苗字を名乗ってからフルネームを名乗る場合もある。

主語 ＋ “姓” ＋ 苗字

▶我姓王。	Wǒ xìng Wáng.
▶她姓福田。	Tā xìng Fútián.

主語 ＋ “叫” ＋ フルネーム

▶我叫田中美奈。	Wǒ jiào Tiánzhōng Měinài.
▶他叫李明。	Tā jiào Lǐ Míng.

2 相手の名前の尋ね方

▶你叫什么名字？	Nǐ jiào shénme míngzi?
——我叫王小帅。	Wǒ jiào Wáng Xiǎoshuài.
▶您贵姓？	Nín guì xìng?
——我姓王。	Wǒ xìng Wáng.
▶怎么称呼您？	Zěnme chēnghu nín?
——我姓王。	Wǒ xìng Wáng.
——我叫王小帅。	Wǒ jiào Wáng Xiǎoshuài.
——我姓王，叫王小帅。	Wǒ xìng Wáng, jiào Wáng Xiǎoshuài.

怎么 【疑代】どのように
zěnme
称呼 【動】（名前を）～と呼ぶ
chēnghu

3 初対面の挨拶

▶你好。	Nǐ hǎo.	こんにちは。
▶认识你，很高兴。	Rènshi nǐ, hěn gāoxìng.	お知り合いになってうれしいです。
▶初次见面，请多关照。	Chūcì jiànmiàn, qǐng duō guānzhào.	はじめまして、よろしくお願いします。
▶幸会！	Xìng huì!	お目にかかれてたいへん光栄です。

関連語句

039

- □ 先生 xiānsheng 【名】さん（男性の敬称）
- □ 女士 nǚshì 【名】さん（女性の敬称）
- □ 男的／男人 nánde / nánrén 【名】男性
- □ 女的／女人 nǚde / nǚrén 【名】女性
- □ 男生 nánshēng 【名】男子学生
- □ 女生 nǚshēng 【名】女子学生
- □ 学长 xuézhǎng 【名】（学校の男性の）先輩
- □ 学弟 xuédì 【名】（学校の男性の）後輩
- □ 学姐 xuéjiě 【名】（学校の女性の）先輩
- □ 学妹 xuémèi 【名】（学校の女性の）後輩

練習問題

1 音声を聞いて、内容と一致する絵をＡ～Ｄから選んでください。 040

A

B

C

D

① 小学生 （　　　）
② 先生 （　　　）
③ 大学生 （　　　）
④ 女士 （　　　）

2 音声を聞いて発音に合っているピンインを選んでください。 041

① jiào　　qiào
② míngci　　míngzi
③ hǎn　　hěn
④ gāoxìng　　gāoxìn

3 次のピンインを簡体字に直し、日本語に訳してください。

① Wǒ xìng Wáng.

簡体字 ＿＿＿＿＿＿＿＿ 日本語 ＿＿＿＿＿＿＿＿＿＿

② Wǒ shì dàxuéshēng.

簡体字 ＿＿＿＿＿＿＿＿ 日本語 ＿＿＿＿＿＿＿＿＿＿

4 日本語の意味に合わせて、単語を順に並べ替えてください。

① 什么　你　名字　叫（お名前は何と言いますか。）

＿＿＿＿＿＿＿＿＿＿＿＿＿＿＿＿＿＿＿＿

② 称呼　您　怎么（あなたをどうお呼びすればよろしいですか。）

＿＿＿＿＿＿＿＿＿＿＿＿＿＿＿＿＿＿＿＿

5 次の文を中国語に訳してください。

① お知り合いになれてうれしいです。

＿＿＿＿＿＿＿＿＿＿＿＿＿＿＿＿＿＿＿＿

② はじめまして、よろしくお願いします。

＿＿＿＿＿＿＿＿＿＿＿＿＿＿＿＿＿＿＿＿

コラム

中国人の名前の呼び方

中国で敬称を使う範囲は日本より狭く、初対面やビジネスの場で相手に使います。日常生活ではフルネームの呼び捨てで話しかけるのが一般的です。また、自分より年が上の人には“老”を、年下の相手には“小”を苗字の前に使う言い方もあります。例えば“老王”、“小张”。近年、親近感を出すため、名前の後に“哥”（兄さん）や“姐”（姉さん）をつけて呼びかけることも流行っています。例えば、男性に“李哥”、女性に“王姐”。

第2课

自己紹介(2) 専攻

piān
A 篇

042

王小帅：　这 是 什么？
Zhè shì shénme?

福田千惠：　这 是 我 的 学生证。
Zhè shì wǒ de xuéshēngzhèng.

王小帅：　那 是 谁 的 行李？
Nà shì shéi de xíngli?

福田千惠：　那 是 我 的 行李。
Nà shì wǒ de xíngli.

新出語句

043

- 这 zhè 【代】これ
- 的 de 【助】～の
- 学生证 xuéshēngzhèng 【名】学生証
- 那 nà 【代】それ、あれ
- 谁 shéi 【疑代】誰
- 行李 xíngli 【名】荷物

文法ポイント

044

1 指示代名詞の「こそあど」

これ、それ、この、その	あれ、あの	どれ、どの
这 zhè	那 nà	哪 nǎ
这个 zhège / zhèige	那个 nàge / nèige	哪个 nǎge / něige

"是" 構文の主語の位置に用いる。通常、"这" "那" "哪个" を使う。

- 这是学生证。　Zhè shì xuéshēngzhèng.
- 那是背包。　Nà shì bēibāo.
- 哪个是我的座位？　Nǎge shì wǒ de zuòwèi?

背包 【名】リュックサック
bēibāo
座位 【名】席
zuòwèi

目的語の位置に用いる。"这个" "那个" "哪个" を使うが、"这" "那" "哪" は使えない。

我的行李是这个。○
我的行李是这。　×

修飾語として、名詞の前に置く。通常、"这个" "那个" "哪个" を使う。

- 这个行李　zhège xíngli
- 那个男的　nàge nánde
- 哪个学生　nǎge xuésheng

2 疑問詞疑問文

疑問詞を使った疑問の意味を表す文型。文末に "吗" はつけない。

- 那是什么？　Nà shì shénme?
  ——那是我的行李。　Nà shì wǒ de xíngli.
- 这是谁的钱包？　Zhè shì shéi de qiánbāo?
  ——这是我的钱包。　Zhè shì wǒ de qiánbāo.

钱包 【名】財布
qiánbāo

3 助詞の "的"　～の～

代名詞／名詞 ＋ "的" ＋ 名詞

- 他的护照　tā de hùzhào
- 学校的老师　xuéxiào de lǎoshī

护照 【名】パスポート
hùzhào
学校 【名】学校
xuéxiào

形容詞／動詞 ＋ “的” ＋ 名詞

▶幸福的生活　xìngfú de shēnghuó
▶美丽的樱花　měilì de yīnghuā
▶来的人　lái de rén
▶睡觉的猫　shuìjiào de māo

幸福 xìngfú	【形】幸せな	生活 shēnghuó	【名】生活
美丽 měilì	【形】美しい	樱花 yīnghuā	【名】桜
来 lái	【動】来る		
睡觉 shuìjiào	【動】寝る	猫 māo	【名】猫

※修飾された中心語がわかっている場合、中心語を省略できる。

▶这是我的。　Zhè shì wǒ de.
▶那是学长的。　Nà shì xuézhǎng de.

※家族や友人、所属関係を表す場合、“的”を省略できる。

▶我爸爸　wǒ bàba
▶我家　wǒ jiā
▶我老师　wǒ lǎoshī

爸爸 bàba	【名】お父さん
家 jiā	【名】家

関連語句

045

□ 书 shū	【名】本		□ 教科书 jiàokēshū	【名】教科書
□ 书包 shūbāo	【名】（多くは学生の）カバン		□ 笔记本 bǐjìběn	【名】ノート
□ 铅笔 qiānbǐ	【名】鉛筆		□ 圆珠笔 yuánzhūbǐ	【名】ボールペン
□ 笔袋 bǐdài	【名】ペンケース		□ 橡皮 xiàngpí	【名】消しゴム
□ 电脑 diànnǎo	【名】パソコン		□ 为什么 wèishénme	【疑代】どうして
□ 电视 diànshì	【名】テレビ		□ 什么时候 shénme shíhou	【疑代】いつ

練習問題

1 音声を聞いて、内容と一致する絵を A ～ D から選んでください。　046

A

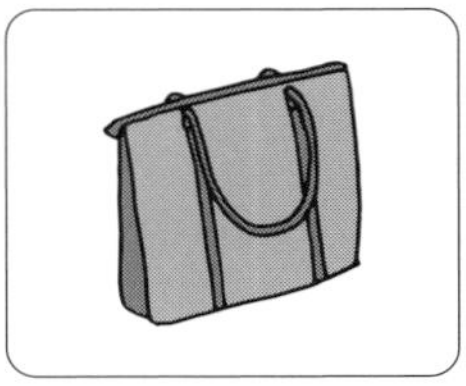
B

C

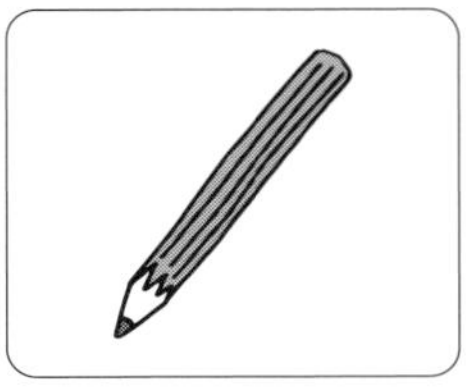
D

① 铅笔　（　　　）
② 电脑　（　　　）
③ 笔记本　（　　　）
④ 书包　（　　　）

2 音声を聞いて発音に合っているピンインを選んでください。 047

① zè　　zhè
② xíngli　　xínli
③ là　　nà
④ xuéshēngzhèng　　xuéshēnzhèn

3 次のピンインを簡体字に直し、日本語に訳してください。

① měilì de yīnghuā

簡体字 ＿＿＿＿＿＿＿＿

日本語 ＿＿＿＿＿＿＿＿＿＿＿＿＿＿

② Zhè shì wǒ de jiàokēshū.

簡体字 ＿＿＿＿＿＿＿＿

日本語 ＿＿＿＿＿＿＿＿＿＿＿＿＿＿

4 日本語の意味に合わせて、単語を順に並べ替えてください。

① 猫　的　睡觉（寝ている猫）

＿＿＿＿＿＿＿＿＿＿＿＿＿＿＿＿＿＿＿＿

② 书包　谁　是　的　那（それは誰のカバンですか。）

＿＿＿＿＿＿＿＿＿＿＿＿＿＿＿＿＿＿＿＿

5 次の文を中国語に訳してください。

① それはあなたのパソコンですか。

＿＿＿＿＿＿＿＿＿＿＿＿＿＿＿＿＿＿＿＿

② どれがあなたのリュックサックですか。

＿＿＿＿＿＿＿＿＿＿＿＿＿＿＿＿＿＿＿＿

B 篇 (piān)

048

福田千惠：你 学 什么 专业？
Nǐ xué shénme zhuānyè?

王小帅：我 学 日语 专业。我 是 外语系 的 学生。你 呢？
Wǒ xué Rìyǔ zhuānyè. Wǒ shì wàiyǔxì de xuésheng. Nǐ ne?

福田千惠：我 也 是 外语系 的。
Wǒ yě shì wàiyǔxì de.

王小帅：咱们 是 同学 啊。我 加 你 的 微信 吧。
Zánmen shì tóngxué a. Wǒ jiā nǐ de Wēixìn ba.

新出語句

049

- 学(习) xué(xí)【動】学ぶ
- 专业 zhuānyè【名】専攻分野
- 日语 Rìyǔ【名】日本語
- 外语系 wàiyǔxì【名】外国語学部
- 呢 ne【助】～は
- 也 yě【副】も
- 同学 tóngxué【名】クラスメート、スクールメート
- 啊 a【助】～よ、～ね（肯定や弁解、催促の語気を表す）
- 加 jiā【動】追加する
- 微信 Wēixìn【固】ウィーチャット
- 吧 ba【助】しましょう、しなさい（提案や軽い命令の気持ちを表す）

文法ポイント

050

1 動詞述語文

主語 ＋ 動詞 ＋（目的語）

▶你去学校吗？　Nǐ qù xuéxiào ma?
　——去。我去学校。　Qù. Wǒ qù xuéxiào.
▶你吃纳豆吗？　Nǐ chī nàdòu ma?
　——不吃。我不吃纳豆。　Bù chī. Wǒ bù chī nàdòu.

※否定は動詞の前に“不”を置く。（主観的意志や習慣の否定を表す。）

吃 【動】食べる chī
纳豆 【名】納豆 nàdòu

2 “呢”疑問文　～は？

文脈によっては代名詞や名詞の後に置き、情報を尋ねる。

▶我喝咖啡。你呢？　Wǒ hē kāfēi. Nǐ ne?
　——我不喝咖啡。我喝茶。　Wǒ bù hē kāfēi. Wǒ hē chá.
▶我看电影。你呢？　Wǒ kàn diànyǐng. Nǐ ne?
　——我写作业。　Wǒ xiě zuòyè.

咖啡 【名】コーヒー kāfēi

看 【動】見る kàn
电影 【名】映画 diànyǐng
写 【動】書く xiě
作业 【名】宿題 zuòyè

3 副詞“也”　～も

事柄が同じであることを表す。

▶我是留学生。你呢？　Wǒ shì liúxuéshēng. Nǐ ne?
　——我也是留学生。　Wǒ yě shì liúxuéshēng.
▶你也是老师吗？　Nǐ yě shì lǎoshī ma?
　——我不是老师。我是学生。　Wǒ bú shì lǎoshī. Wǒ shì xuésheng.

関連語句

051

- □ 听 tīng 【動】聴く
- □ 说 shuō 【動】話す
- □ 中文／汉语 Zhōngwén / Hànyǔ 【名】中国語
- □ 韩语 Hányǔ 【名】韓国語
- □ 英语 Yīngyǔ 【名】英語
- □ 德语 Déyǔ 【名】ドイツ語
- □ 经济系 jīngjìxì 【名】経済学部
- □ 工学系 gōngxuéxì 【名】工学部
- □ 医学系 yīxuéxì 【名】医学部
- □ 文学系 wénxuéxì 【名】文学部
- □ 朋友 péngyou 【名】友だち

練習問題

1 音声を聞いて、内容と一致する絵を A ～ D から選んでください。 052

A　B　C　D

① 他看书。 (　　)　② 我听音乐。 (　　)

③ 她学习汉语。 (　　)　④ 我睡觉。 (　　)

2 音声を聞いて発音に合っているピンインを選んでください。 053

① zánmen　lánmen　② Rìyu　Rìyǔ

③ wénxuéxì　wénxuéqì　④ tóngxué　dóngxué

3 次のピンインを簡体字に直し、日本語に訳してください。

① Nǐ xué shénme zhuānyè?

簡体字 ＿＿＿＿＿＿　日本語 ＿＿＿＿＿＿

② Wǒ yě shì Rìběnrén.

簡体字 ＿＿＿＿＿＿　日本語 ＿＿＿＿＿＿

4 日本語の意味に合わせて、単語を順に並べ替えてください。

① 也　外语系　是　她　的（彼女も外国語学部です。）

② 英语专业　呢　学习　我　你（私は英語専攻です。あなたは？）

5 次の文を中国語に訳してください。

① 私は工学部の学生ではありません。

② 私たちは同級生です。

コラム

中国の大学生活

中国の大学の入学式は9月の初旬です。1年間に二つの学期があり、前期は9月～1月上旬まで、後期は3月～7月上旬まででです。冬休みと夏休みは日本より長いです。

中国の大学はキャンパスが広く、学校というより一つの小さな町と言っても過言ではありません。教育棟、図書館、体育館、寮、食堂などの基本施設以外に、一部の大学には、スーパー、カフェ、美容院、映画館もあります。寮は安くて便利なので、学生たちはほとんど寮生活を送っています。寮は四人部屋が多いです。入口から入って左右の壁際に2段ベッドがそれぞれあり、間のスペースに学習スペースと収納があります。冷暖房やシャワーなどが付いている学校もあります。外国人留学生の生活習慣に配慮して、留学生向けの1人部屋、2人部屋もあります。

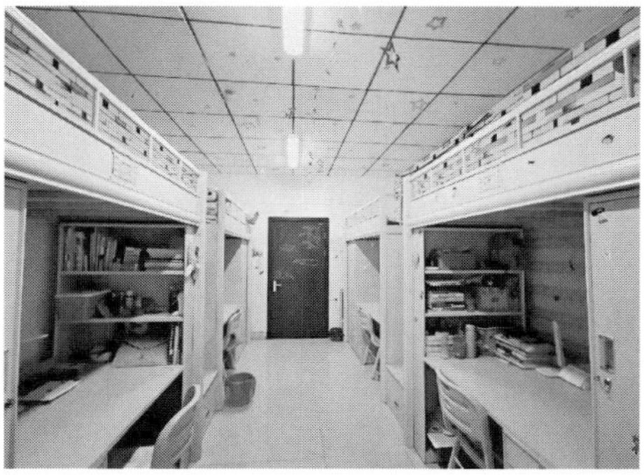

学食は一日三食を提供します。中国各地の特色ある料理を提供したり、外国人留学生が多い学校ではそれぞれの国の料理を提供していたりもします。

第3课

家族を紹介する

A 篇 (piān)

054

王小帅：你 老家 在 哪儿？
Nǐ lǎojiā zài nǎr?

福田千惠：我 老家 在 德岛。
Wǒ lǎojiā zài Dédǎo.

王小帅：德岛 有 传统 节日 吗？
Dédǎo yǒu chuántǒng jiérì ma?

福田千惠：德岛 每年 都 有 盂兰盆会，
Dédǎo měinián dōu yǒu yúlánpénhuì,

阿波舞 最 有名。
Ābōwǔ zuì yǒumíng.

新出語句

055

- 老家 lǎojiā 【名】実家、故郷
- 在 zài 【動】いる、ある
- 哪儿 nǎr 【疑代】どこ
- 德岛 Dédǎo 【固】徳島
- 有 yǒu 【動】いる、ある、持つ
- 传统节日 chuántǒng jiérì 【連】祝祭日、伝統行事
- 每年 měinián 【名】毎年
- 都 dōu 【副】みんな、いずれも
- 盂兰盆会 yúlánpénhuì 【名】お盆
- 阿波舞 Ābōwǔ 【固】阿波踊り
- 最 zuì 【副】もっとも
- 有名 yǒumíng 【形】有名な

文法ポイント

056

1 場所代名詞

ここ、そこ	あそこ	どこ
这儿 zhèr	那儿 nàr	哪儿 nǎr
这里 zhèlǐ	那里 nàlǐ	哪里 nǎlǐ

▶这里是邮局。 Zhèlǐ shì yóujú.
▶那儿是派出所。 Nàr shì pàichūsuǒ.

邮局 【名】郵便局
yóujú
派出所 【名】交番
pàichūsuǒ

2 所在を表す“在”

モノ／人 ＋“在”＋ 場所　　～は～にある／いる

▶电脑在哪儿？ Diànnǎo zài nǎr?
——电脑在桌子上。 Diànnǎo zài zhuōzi shang.
▶王老师在教室里吗？ Wáng lǎoshī zài jiàoshì li ma?
——王老师不在教室。 Wáng lǎoshī bú zài jiàoshì.
她在办公室。 Tā zài bàngōngshì.

桌子 【名】机
zhuōzi
上 【方】～上、表面
shang
里 【方】～中
li
办公室 【名】職員室
bàngōngshì

※通常、否定は“不在”となる。
※名詞を場所として使う時、“里”“上”は名詞の後につけて名詞を場所化する。“教室”“办公室”など、場所性のある名詞にはつけなくてもよい。

3 存在を表す“有”

場所 ＋“有”＋ モノ／人　　～に～がある／いる

▶房间里有人吗？ Fángjiān li yǒu rén ma?
——房间里没有人。 Fángjiān li méiyǒu rén.
▶书包里有什么？ Shūbāo li yǒu shénme?
——书包里有笔袋和笔记本。
Shūbāo li yǒu bǐdài hé bǐjìběn.

房间 【名】部屋
fángjiān
没有 【動】持っていない、ない（所有や存在の否定）
méiyǒu
和 【接】と
hé
人 【名】人
rén

関連語句

057

- □ 大学 dàxué 【名】大学
- □ 咖啡店 kāfēidiàn 【名】カフェ
- □ 洗手间 xǐshǒujiān 【名】お手洗い
- □ 便利店 biànlìdiàn 【名】コンビニ
- □ 图书馆 túshūguǎn 【名】図書館
- □ 机场 jīchǎng 【名】空港
- □ 音乐厅 yīnyuètīng 【名】音楽ホール
- □ 休息室 xiūxishì 【名】休憩室
- □ 超市 chāoshì 【名】スーパー
- □ 火车站 huǒchēzhàn 【名】駅

練習問題

1 音声を聞いて、内容と一致する絵を A ～ D から選んでください。 058

A

B

C

D

① 王老师在哪儿？ （　　　）

② 电脑在桌子上。 （　　　）

③ 教室里有学生。 （　　　）

④ 房间里有椅子。 （　　　）

2 音声を聞いて読まれた文を線で結んでみましょう。 059

ア	イ	ウ
他 ・	・ 在 ・	・咖啡店
你 ・	・不在・	・哪儿
火车站・	・没有・	・在哪儿
桌子上・	・老家・	・电脑

3 次のピンインを簡体字に直し、日本語に訳してください。

① Tā zài túshūguǎn.

簡体字 ＿＿＿＿＿＿＿＿ 日本語 ＿＿＿＿＿＿＿＿＿＿＿＿

② Fángjiān li méiyǒu rén.

簡体字 ＿＿＿＿＿＿＿＿ 日本語 ＿＿＿＿＿＿＿＿＿＿＿＿

4 日本語の意味に合わせて、単語を順に並べ替えてください。

① 哪儿　在　洗手间（お手洗いはどこですか。）

＿＿＿＿＿＿＿＿＿＿＿＿＿＿＿＿＿＿＿＿＿＿＿＿＿＿＿＿

② 学生证　没有　里　书包（カバンの中に学生証はありません。）

＿＿＿＿＿＿＿＿＿＿＿＿＿＿＿＿＿＿＿＿＿＿＿＿＿＿＿＿

5 次の文を中国語に訳してください。

① 彼らはコンビニにいます。

＿＿＿＿＿＿＿＿＿＿＿＿＿＿＿＿＿＿＿＿＿＿＿＿＿＿＿＿

② 空港には休憩室があります。

＿＿＿＿＿＿＿＿＿＿＿＿＿＿＿＿＿＿＿＿＿＿＿＿＿＿＿＿

コラム

中国の伝統行事　1

春節（旧暦1月1日）　日本の正月と同様、中国最大の行事です。旧暦の1月1日から15日間続きます。大晦日の夜は家族が集まり新年の夕食を食べます。日本のお節料理や雑煮のように、水餃子も縁起物として欠かせない食べ物です。半月形の餃子は「金元宝」という昔の通貨によく似ており、子孫繁栄に加えて「新年がお金に恵まれますように」という願いも込められています。正月には、爆竹、獅子舞、家族や親族との「拝年」（新年のあいさつ）があり、他にも、子どもは「紅包」（赤い袋に入れたお年玉）をもらい、家の入り口には赤い紙に縁起の良い対句を書いた春聯（しゅんれん）、窓には赤い剪紙（切り絵）を貼る、などの行事があります。

piān
B 篇

060

王小帅：　你 有 兄弟 姐妹 吗？
Nǐ yǒu xiōngdì jiěmèi ma?

福田千惠：　我 有 一 个 弟弟。
Wǒ yǒu yí ge dìdi.

王小帅：　他 今年 多 大？
Tā jīnnián duō dà?

福田千惠：　我 弟弟 今年 十五 岁。
Wǒ dìdi jīnnián shíwǔ suì.

新出語句

061

- 兄弟姐妹 xiōngdì jiěmèi　【連】兄弟姉妹
- 个 ge　【量】～個、～人
- 弟弟 dìdi　【名】弟
- 今年 jīnnián　【名】今年
- 多大 duō dà　【連】いくつ（年齢を尋ねる疑問詞）
- 岁 suì　【量】～歳

文法ポイント

062

1 量詞

数字＋量詞＋名詞　例：一杯咖啡 yì bēi kāfēi　一杯のコーヒー
两个人 liǎng ge rén　二人

两 liǎng 【数】二（数字「2」は序数、順番を数える時には“二 èr”を用いる。量詞をつける時、千、万、億の前では“两 liǎng”を用いる。例：22,222 两万两千二百二十二）

个 ge ― 広く人やモノを数える。	人 rén（人）	苹果 píngguǒ（リンゴ）
位 wèi ― 敬意をもって人を数える。	客人 kèrén（お客さん）	老师 lǎoshī（先生）
名 míng ― ある身分・職業の人　定員を数える。	学生 xuésheng（学生）	军人 jūnrén（軍人）
片 piàn ― 平たくて薄いものを数える。	面包 miànbāo（パン）	肉 ròu（薄切り肉）
本 běn ― 本を数える。	书 shū（本）	杂志 zázhì（雑誌）
辆 liàng ― 車輪のついた乗り物を数える。	汽车 qìchē（車）	自行车 zìxíngchē（自転車）
只 zhī ― 動物を数える。	兔子 tùzi（ウサギ）	猫 māo（猫）
条 tiáo ― 細長いものを数える。	鱼 yú（魚）	围巾 wéijīn（マフラー）
杯 bēi ― コップに入っているものを数える。	茶 chá（お茶）	咖啡 kāfēi（コーヒー）
瓶 píng ― 瓶に入っているものを数える。	啤酒 píjiǔ（ビール）	矿泉水 kuàngquánshuǐ（ミネラルウォーター）
双 shuāng ― 対になるものを数える。	鞋 xié（靴）	手套 shǒutào（手袋）
台 tái ― 機械、設備を数える。	电脑 diànnǎo（パソコン）	电视 diànshì（テレビ）

※指示代名詞である“这”“那”“哪”は「数字＋量詞＋名詞」の前に用いる時、「この～」「その～」「あの～」「どの～」となる。数字「1」の場合、省略できる。

这三本书 zhè sān běn shū　この三冊の本

那(一)只兔子 nà (yì) zhī tùzi　あのウサギ

2 所有を表す“有”

人 ＋“有”＋ モノ／人　～は～を持っている ／ ～は～がある／いる

▸你有汉语词典吗？　Nǐ yǒu Hànyǔ cídiǎn ma?
　――有。我有汉语词典。　Yǒu. Wǒ yǒu Hànyǔ cídiǎn.

▸她有男朋友吗？　Tā yǒu nánpéngyou ma?
　――没有。　Méiyǒu.
　　她没有男朋友。　Tā méiyǒu nánpéngyou.

汉语词典 Hànyǔ cídiǎn 【連】中国語の辞書
男朋友 nánpéngyou 【名】ボーイフレンド

3 年齢の言い方

妈妈 【名】お母さん
māma
年龄 【名】年齢
niánlíng

几 【疑代】いくつ、いくら（通常 10 までの数をさす）
jǐ

▶你妈妈今年多大年龄？ Nǐ māma jīnnián duō dà niánlíng?
——我妈妈今年四十五岁。 Wǒ māma jīnnián sìshiwǔ suì.

▶你妹妹几岁？ Nǐ mèimei jǐ suì?
——我妹妹今年九岁。 Wǒ mèimei jīnnián jiǔ suì.

▶你今年是十九岁吗？ Nǐ jīnnián shì shíjiǔ suì ma?
——我不是十九岁。我今年二十岁。 Wǒ bú shì shíjiǔ suì. Wǒ jīnnián èrshí suì.

※年齢を尋ねるとき自分より年上の人には“**多大年龄**”、同世代の人や年下の人には“**多大**”、10 歳以下の子供には“**几岁**”を用いる。

※口語で、年齢を表す場合、“**是**”を使わなくてもよい。否定は“**是**”を省略できず、“**不是**”となる。

関連語句

063

- □ 哥哥 gēge 【名】兄
- □ 姐姐 jiějie 【名】姉
- □ 爷爷 yéye 【名】（父方）おじいさん
- □ 奶奶 nǎinai 【名】（父方）おばあさん
- □ 姥爷 lǎoye 【名】（母方）おじいさん
- □ 姥姥 lǎolao 【名】（母方）おばあさん
- □ 客人 kèrén 【名】お客さん
- □ 独生子 dúshēngzǐ 【名】一人っ子
- □ 几口人 jǐ kǒu rén 【連】何人家族

練習問題

1 音声を聞いて、内容と一致する絵を A ～ D から選んでください。

064

A

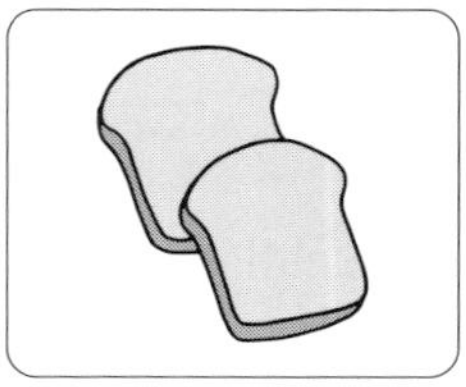
B

C

D

① 两片面包。 （　　　）　② 四本书。 （　　　）

③ 一只猫。 （　　　）　④ 三瓶啤酒。 （　　　）

2 音声を聞いて読まれた文を線で結んでみましょう。 065

ア	イ	ウ
一・	・个・	・鞋
五・	・条・	・苹果
三・	・本・	・鱼
两・	・双・	・书

3 次のピンインを簡体字に直し、日本語に訳してください。

① Wǒ méiyǒu Hànyǔ cídiǎn.

簡体字 ____________________

日本語 ____________________

② Wǒ mèimei jīnnián shíwǔ suì.

簡体字 ____________________

日本語 ____________________

4 日本語の意味に合わせて、単語を順に並べ替えてください。

① 十二岁　不是　我弟弟（私の弟は十二歳ではありません。）

____

② 猫　我　一只　有（私は猫が１匹います。）

____

5 次の文を中国語に訳してください。

① 私は兄弟姉妹がいません。私は一人っ子です。

____

② あなたのお父さんは今年何歳ですか。（自分より年上の人に）

____

3

第4课

時間と経験

A 篇 (piān)

066

王小帅：你的生日是几月几号？
Nǐ de shēngrì shì jǐ yuè jǐ hào?

福田千惠：我的生日是五月六号。
Wǒ de shēngrì shì wǔ yuè liù hào.

王小帅：今天五月一号。下周三是你的生日啊。
Jīntiān wǔ yuè yī hào. Xià zhōusān shì nǐ de shēngrì a.

福田千惠：对。我就要二十岁了。
Duì. Wǒ jiù yào èrshí suì le.

新出語句

067

- 生日 shēngrì 【名】誕生日
- 月 yuè 【名】～月
- 号 hào 【名】～日
- 今天 jīntiān 【名】今日
- 下周三 xià zhōusān 【連】来週の水曜日
- 对 duì 【形】そのとおりだ、正しい、そうだ
- 就要～了 jiù yào ~ le 【連】もうすぐ～となる

文法ポイント

068

1 年月日、曜日の言い方

▶ 2022 年 èrlíng'èr'èr nián　　2000 年 èrlínglínglíng nián

▶ 一月 yī yuè　二月 èr yuè　三月 sān yuè　四月 sì yuè
五月 wǔ yuè　六月 liù yuè　七月 qī yuè　八月 bā yuè
九月 jiǔ yuè　十月 shí yuè　十一月 shíyī yuè　十二月 shí'èr yuè

年 【名】年
nián
日 【名】～日
rì

▶ 一号 yī hào ／日 rì ～ 三十一号 sānshiyī hào ／日 rì

月曜日	火曜日	水曜日	木曜日	金曜日	土曜日	日曜日
星期一 xīngqīyī	星期二 xīngqī'èr	星期三 xīngqīsān	星期四 xīngqīsì	星期五 xīngqīwǔ	星期六 xīngqīliù	星期日／星期天 xīngqīrì / xīngqītiān
周一 zhōuyī	周二 zhōu'èr	周三 zhōusān	周四 zhōusì	周五 zhōuwǔ	周六 zhōuliù	周日 zhōurì

星期 【名】～曜日
xīngqī ~
周 【名】～曜日
zhōu ~

▶ 今天几月几号？　Jīntiān jǐ yuè jǐ hào?
　——今天五月十六号。　Jīntiān wǔ yuè shíliù hào.

▶ 今天星期几？　Jīntiān xīngqī jǐ?
　——今天星期三。　Jīntiān xīngqīsān.

※「日」は通常、書き言葉では“日 rì”、口語では“号 hào”を使う。

※口語で、月、日、曜日を表す場合、“是”を使わなくてもよい。否定は“是”を省略できず、“不是”となる。

2 “就要～了”　「まもなく～する」「もうすぐ～となる」

▶ 你们什么时候出发？　Nǐmen shénme shíhou chūfā?
　——我们就要出发了。　Wǒmen jiù yào chūfā le.

▶ 什么时候下课？　Shénme shíhou xiàkè?
　——马上就要下课了。　Mǎshàng jiù yào xiàkè le.

出发 【動】出発する
chūfā
下课 【動】授業が終わる
xiàkè
马上 【副】すぐ
mǎshàng

4

関連語句

069

- □ 每天 měitiān 【名】毎日
- □ 每周 měizhōu 【名】毎週
- □ 昨天 zuótiān 【名】昨日
- □ 明天 míngtiān 【名】明日
- □ 上周 shàng zhōu 【連】先週
- □ 下周 xià zhōu 【連】来週
- □ 上个月 shàng ge yuè 【連】先月
- □ 下个月 xià ge yuè 【連】来月
- □ 放寒假 fàng hánjià 【連】冬休みに入る
- □ 放暑假 fàng shǔjià 【連】夏休みに入る
- □ 期末考试 qīmò kǎoshì 【連】期末試験

練習問題

1 音声を聞いて、内容と一致する絵を A ～ D から選んでください。 070

A

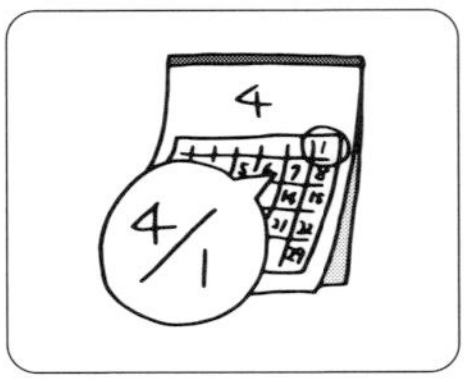

B

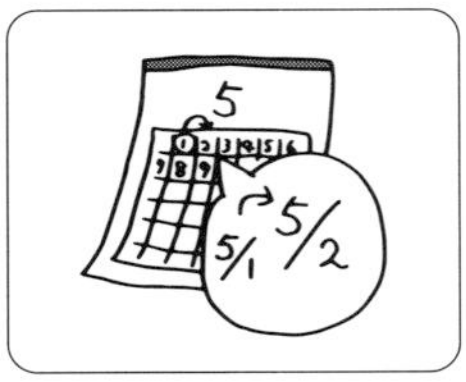

C

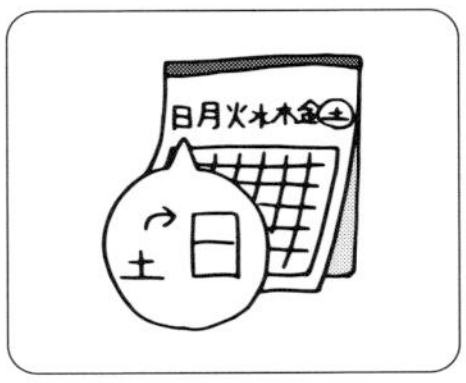

D

① 今天四月一号。 （　　　）
② 明天星期日。 （　　　）
③ 今天星期三。 （　　　）
④ 明天五月二号。 （　　　）

2 音声を聞いて読まれた文を線で結んでみましょう。 071

ア	イ	ウ
五月六号・	・几月・	・出发了
我・	・是・	・了
今天・	・下课・	・我的生日
就要・	・就要・	・几号

3 次のピンインを簡体字に直し、日本語に訳してください。

① Jīntiān wǔ yuè bā hào.

簡体字 ＿＿＿＿＿＿＿＿ 日本語 ＿＿＿＿＿＿＿＿

② Wǒ de shēngrì shì shí'èr yuè sānshí hào.

簡体字 ＿＿＿＿＿＿＿＿ 日本語 ＿＿＿＿＿＿＿＿

4 日本語の意味に合わせて、単語を順に並べ替えてください。

① 下课　什么时候　明天（明日、いつ授業が終わりますか。）

＿＿＿＿＿＿＿＿＿＿＿＿＿＿＿＿

② 生日　你　下周六　吗　是　的（来週の土曜日はあなたの誕生日ですか。）

＿＿＿＿＿＿＿＿＿＿＿＿＿＿＿＿

5 次の文を中国語に訳してください。

① まもなく夏休みに入ります。

＿＿＿＿＿＿＿＿＿＿＿＿＿＿＿＿

② 今日何曜日ですか。

＿＿＿＿＿＿＿＿＿＿＿＿＿＿＿＿

コラム

中国の伝統行事　2

元宵節（旧暦1月15日）旧正月の最後の締めくくりは、「元宵節」と呼ばれる提灯の祭りです。旧暦新年の15日目に、家族が集まり、食事をし、提灯を飾るなどの行事を行います。
清明節（4月上旬頃）春分から15日前後に「清明節」があります。日本のお盆のように故人を偲び先祖の墓参りをします。
中秋節（旧暦8月15日）「月餅」という焼き菓子を食べながら一家団欒の時を過ごします。

B 篇 (piān)

072

王小帅： 你 喝过 中国 的 工夫茶 吗？
Nǐ hēguo Zhōngguó de gōngfuchá ma?

福田千惠： 我 没 喝过。
Wǒ méi hēguo.

王小帅： 你 过 生日 的 时候，咱们 去 茶馆 喝 工夫茶 吧。
Nǐ guò shēngrì de shíhou, zánmen qù cháguǎn hē gōngfuchá ba.

福田千惠： 那 太 好 了。
Nà tài hǎo le.

新出語句

073

- 喝 hē 【動】飲む
- 过 guo 【助】～したことがある
- 工夫茶 gōngfuchá 【名】工夫茶（中国の茶芸）
- 没 méi 【副】～していない、～しなかった（動作の発生や存在を否定）
- 过生日 guò shēngrì 【連】誕生日を祝う
- 时候 shíhou 【名】時
- 去 qù 【動】行く
- 茶馆 cháguǎn 【名】茶屋
- 那 nà 【接】それでは、それなら
- 太～了 tài ~ le 【連】あまりにも～

文法ポイント

074

1 経験を表す“过”

動詞 ＋“过”　「～したことがある」

▶你吃过北京烤鸭吗？　Nǐ chīguo Běijīng Kǎoyā ma?
　——我吃过北京烤鸭。　Wǒ chīguo Běijīng Kǎoyā.

北京烤鸭 Běijīng Kǎoyā	【固】北京ダック

▶你学过德语吗？　Nǐ xuéguo Déyǔ ma?
　——我没学过德语。我学过英语。　Wǒ méi xuéguo Déyǔ. Wǒ xuéguo Yīngyǔ.

※経験を否定する場合は動詞の前に“没”を置く。

4

2 連動文

主語 ＋ 動詞₁ ＋（目的語₁）＋ 動詞₂ ＋ 目的語₂

動作の発生順に２つの動詞が現れる文型。

移動方向を表す

▶你去哪儿？　Nǐ qù nǎr?
　——我去图书馆看书。　Wǒ qù túshūguǎn kàn shū.

移動手段を表す

▶她怎么去学校？　Tā zěnme qù xuéxiào?
　——她坐地铁去学校。　Tā zuò dìtiě qù xuéxiào.

坐 zuò	【動】座る、乗る
地铁 dìtiě	【名】地下鉄

関連語句

075

- □ 吃饭 chīfàn 【動】食事をする
- □ 饭店 fàndiàn 【名】レストラン
- □ 看展览 kàn zhǎnlǎn 【連】展覧会をみる
- □ 坐公交车 zuò gōngjiāochē 【連】路線バスに乗る
- □ 骑自行车 qí zìxíngchē 【連】自転車に乗る
- □ 东京 Dōngjīng 【固】東京
- □ 京都 Jīngdū 【固】京都
- □ 富士山 Fùshìshān 【固】富士山
- □ 水果 shuǐguǒ 【名】果物
- □ 生日蛋糕 shēngrì dàngāo 【連】誕生日ケーキ

練習問題

1 音声を聞いて、内容と一致する絵を A ～ D から選んでください。 076

A

B

C

D

① 他们去看电影。 （　　　　）　② 我去过京都。 （　　　　）

③ 他骑自行车去学校。（　　　　）　④ 他去图书馆看书。（　　　　）

2 音声を聞いて読まれた文を線で結んでみましょう。 077

ア	イ	ウ
我・	・ 去过 ・	・北京烤鸭
你・	・ 吃过 ・	・去学校
她・	・没喝过・	・中国吗
我・	・坐地铁・	・工夫茶

3 次のピンインを簡体字に直し、日本語に訳してください。

① Nà tài hǎo le.

簡体字 ＿＿＿＿＿＿＿＿　日本語 ＿＿＿＿＿＿＿＿＿＿＿＿

② Wǒ méi xuéguo Yīngyǔ.

簡体字 ＿＿＿＿＿＿＿＿　日本語 ＿＿＿＿＿＿＿＿＿＿＿＿

4 日本語の意味に合わせて、単語を順に並べ替えてください。

① 去　水果　她　买　超市（彼女はスーパーに果物を買いに行きます。）

② 没　我　过　纳豆　吃（私は納豆を食べたことがありません。）

5 次の文を中国語に訳してください。

① あなたは中国の工夫茶を飲んだことがありますか。

② 私は毎日バスで学校に行きます。

コラム

中国の茶文化

中国において「茶」は、古来宮廷の儀礼や民間の風習、文人の茶会、寺院の茶道などいたるところに存在してきました。古の格言にも、暮らしを立てるに必要な七つのものは「薪（柴）、米、油、塩、醤油、酢、茶」と言い、お茶は中国人にとってなくてはならない生活用品の一つであり続けています。

中国では地域や季節によって数百種類ともいわれるお茶が存在しています。茶葉の色や形、香りなどで分ける方法などがありますが、一般的には、色や発酵の度合いによって緑茶、紅茶、黒茶、青茶、白茶、黄茶の6つに分類されます。お茶を楽しむ方法も多彩です。誰もが気軽にお茶を楽しむことのできる場所として「茶館」が各地にあり、お茶をより美味しく飲める、一種の茶芸「工夫茶」もあります。「工夫茶」は日本茶道の作法というより、いかにしてお茶を美味しく飲むかということにこだわった方法です。良質の茶葉と水、火の沸かし方、茶道具、場所（環境）、そして一緒に飲む相手のどれも重要だと言われています。

第5课

学校生活

A 篇 (piān)

078

福田千惠：	明天	的	听力课	几	点	开始？	
	Míngtiān	de	tīnglìkè	jǐ	diǎn	kāishǐ?	
王小帅：	早上	八	点	四十	分	开始。	
	Zǎoshang	bā	diǎn	sìshí	fēn	kāishǐ.	
福田千惠：	一	节	课	多	长	时间？	
	Yì	jié	kè	duō	cháng	shíjiān?	
王小帅：	一	节	课	九十	分钟。		
	Yì	jié	kè	jiǔshí	fēnzhōng.		

新出語句

079

- 听力课 tīnglìkè 【名】リスニング授業
- 点 diǎn 【量】（時間の単位）～時
- 开始 kāishǐ 【動】始まる、始める
- 早上 zǎoshang 【名】朝
- 分 fēn 【量】（時間の単位）～分
- 节 jié 【量】～（授業の）コマ
- 时间 shíjiān 【名】時間
- 分钟 fēnzhōng 【量】～分間

文法ポイント

080

1 時刻の言い方

- 1:00　一点　yì diǎn
- 2:00　两点　liǎng diǎn
- 3:00　三点　sān diǎn
- 3:05　三点零五（分）　sān diǎn líng wǔ (fēn)
- 3:15　三点十五（分）　sān diǎn shíwǔ (fēn)
  三点一刻　sān diǎn yí kè
- 5:45　五点四十五（分）　wǔ diǎn sìshiwǔ (fēn)
  五点三刻　wǔ diǎn sān kè
- 7:50　七点五十（分）　qī diǎn wǔshí (fēn)
  差十分八点　chà shí fēn bā diǎn
- 16:00　十六点　shíliù diǎn
  下午四点　xiàwǔ sì diǎn
- 18:30　十八点三十（分）　shíbā diǎn sānshí (fēn)
  晚上六点半　wǎnshang liù diǎn bàn
- 现在几点？　Xiànzài jǐ diǎn?
  ——现在八点一刻。　Xiànzài bā diǎn yí kè.
- 你每天几点起床？　Nǐ měitiān jǐ diǎn qǐchuáng?
  ——我每天差十分七点起床。　Wǒ měitiān chà shí fēn qī diǎn qǐchuáng.

※「時刻」は動詞の前に置く。
　主語＋「時刻」＋動詞＋目的語　／　「時刻」＋主語＋動詞＋目的語
※口語で、時刻を表す場合、"是" を使わなくてもよい。
　否定は "是" を省略できず、"不是" となる。

零 【数】ゼロ
líng
刻 【量】15分間
kè

差 【動】足りない
chà
下午 【名】午後
xiàwǔ
晚上 【名】晩
wǎnshang
半 【数】半分、二分の一
bàn
现在 【名】今
xiànzài
起床 【動】起きる
qǐchuáng

2 時間量の言い方

- 一分钟 yì fēnzhōng　两分钟 liǎng fēnzhōng
- 一个小时 yí ge xiǎoshí　两个小时 liǎng ge xiǎoshí
  一个半小时 yí ge bàn xiǎoshí
- 半天 bàn tiān　一天 yì tiān　两天 liǎng tiān
- 一个星期 yí ge xīngqī　两个星期 liǎng ge xīngqī
- 一个月 yí ge yuè　一个半月 yí ge bàn yuè　两个月 liǎng ge yuè
- 一年 yì nián　一年半 yì nián bàn　两年 liǎng nián

小时 【量】（時を数える単位）時間
xiǎoshí
天 【量】（日を数える単位）日
tiān

主語 + 動詞 +「時間量」+ 目的語

▶你每天学多长时间中文？　Nǐ měitiān xué duō cháng shíjiān Zhōngwén?
——我每天学一个小时中文。　Wǒ měitiān xué yí ge xiǎoshí Zhōngwén.

主語 + 動詞 + 目的語(人)、(場所) +「時間量」

▶王小帅在吗？　Wáng Xiǎoshuài zài ma?
——他不在。　Tā bú zài.
你等他五分钟左右吧。　Nǐ děng tā wǔ fēnzhōng zuǒyòu ba.

等 děng 【動】待つ
左右 zuǒyòu 【方】ぐらい

※「時間量」は動詞の後に置く。目的語が「人」、「場所」の場合、「時間量」は目的語の後に置く。

関連語句

081

- □ 结束 jiéshù 【動】終わる
- □ 出门 chūmén 【動】外出する
- □ 上学 shàngxué 【動】登校する
- □ 吃晚饭 chī wǎnfàn 【連】晩ご飯を食べる
- □ 上午 shàngwǔ 【名】午前
- □ 部 bù 【量】映画、フイルム、機械を数える
- □ 考试 kǎoshì 【動】試験を受ける
- □ 回家 huíjiā 【動】家に帰る
- □ 放学 fàngxué 【動】下校する
- □ 刚才 gāngcái 【名】先ほど
- □ 早上 zǎoshang 【名】朝

練習問題

1 音声を聞いて、内容と一致する絵を A ～ D から選んでください。　082

A　B　C　D

① 五点四十五分　(　　　)　② 三点三十分　(　　　)
③ 两点零二　(　　　)　④ 七点五十分　(　　　)

2 音声を聞いて読まれた文を線で結んでみましょう。 083

ア	イ	ウ
听力课・	・ 四点 ・	・上学
早上 ・	・ 一个半 ・	・开始
一节课・	・ 几点 ・	・放学
下午 ・	・八点四十分・	・小时

3 次のピンインを簡体字に直し、日本語に訳してください。

① Yì jié kè duō cháng shíjiān?

簡体字 ＿＿＿＿＿＿＿＿＿＿

日本語 ＿＿＿＿＿＿＿＿＿＿＿＿＿＿＿＿

② Xiànzài jǐ diǎn?

簡体字 ＿＿＿＿＿＿＿＿＿＿

日本語 ＿＿＿＿＿＿＿＿＿＿＿＿＿＿＿＿

4 日本語の意味に合わせて、単語を順に並べ替えてください。

① 电影　时间　部　多长　那（あの映画はどのぐらいの時間ですか。）

＿＿＿＿＿＿＿＿＿＿＿＿＿＿＿＿＿＿＿＿＿＿＿＿

② 几点　考试　的　今天　开始（今日の試験は何時から始まりますか。）

＿＿＿＿＿＿＿＿＿＿＿＿＿＿＿＿＿＿＿＿＿＿＿＿

5 次の文を中国語に訳してください。

① あなたは毎日何時に寝ますか。

＿＿＿＿＿＿＿＿＿＿＿＿＿＿＿＿＿＿＿＿＿＿＿＿

② 明日の中国語の授業は何時から始まりますか。

＿＿＿＿＿＿＿＿＿＿＿＿＿＿＿＿＿＿＿＿＿＿＿＿

B 篇 (piān)

084

福田千惠：听力课 难 吗？
Tīnglìkè nán ma?

王小帅：不 难。听力课 很 有意思。
Bù nán. Tīnglìkè hěn yǒuyìsi.

福田千惠：听力课 上 网课 吗？
Tīnglìkè shàng wǎngkè ma?

王小帅：听力课 不 上 网课，在 教室 上课。
Tīnglìkè bú shàng wǎngkè, zài jiàoshì shàngkè.

新出語句

085

- **难** nán 【形】難しい
- **有意思** yǒuyìsi 【形】おもしろい
- **上网课** shàng wǎngkè 【連】オンライン授業を行う
- **在** zài 【前】で、に
- **上课** shàngkè 【動】授業を受ける、授業が始まる、授業を行う

文法ポイント

086

1 形容詞述語文

主語（＋副詞）＋ 形容詞

▶富士山的风景美吗？　Fùshìshān de fēngjǐng měi ma?
——富士山的风景很美。　Fùshìshān de fēngjǐng hěn měi.

▶今天你开心吗？　Jīntiān nǐ kāixīn ma?
——今天我特别忙。　Jīntiān wǒ tèbié máng.
我不开心。　Wǒ bù kāixīn.

风景【名】景色
fēngjǐng

美【形】美しい
měi

开心【名】楽しい、うれしい
kāixīn

特别【副】特に
tèbié

忙【形】忙しい
máng

※形容詞述語文には“是”を使わない。
※肯定文は、通常、形容詞の前に程度を表す副詞を入れる。
※否定文は、“不”を形容詞の前に置く。程度を表す副詞を入れない。
（例：汉语不很难。×）
※否定の語気をやわらげる場合は“不太”を使う。
例：不太好。あまりよくない。
不太忙。あまり忙しくない。

不太【連】あまり〜ではない
bú tài

よく使う程度副詞	
很 hěn とても、たいへん	非常 fēicháng きわめて、非常に
真 zhēn 実に、確かに	特别 tèbié 特に、とりわけ
十分 shífēn 十分に、非常に	挺〜的 tǐng ~ de わりに

2 前置詞“在”

“在”＋ 場所名詞　〜で／に

動作の行われる場所を表す。

▶你在哪儿散步？　Nǐ zài nǎr sànbù?
——我在公园散步。　Wǒ zài gōngyuán sànbù.

▶你在家吃午饭吗？　Nǐ zài jiā chī wǔfàn ma?
——我不在家吃午饭。　Wǒ bú zài jiā chī wǔfàn.
我在学校食堂吃午饭。
Wǒ zài xuéxiào shítáng chī wǔfàn.

散步【動】散歩する
sànbù

公园【名】公園
gōngyuán

吃午饭【連】昼ご飯を食べる
chī wǔfàn

食堂【名】食堂
shítáng

※通常、場所を否定する場合は“不在”となる。

よく使う形容詞

大 dà	大きい	←→	小 xiǎo	小さい	多 duō	多い	←→	少 shǎo	少ない
快 kuài	速い	←→	慢 màn	遅い	长 cháng	長い	←→	短 duǎn	短い
高 gāo	高い	←→	低 dī	低い	远 yuǎn	遠い	←→	近 jìn	近い
厚 hòu	厚い	←→	薄 bó	薄い	轻 qīng	軽い	←→	重 zhòng	重い
冷 lěng	寒い	←→	热 rè	暑い	宽 kuān	広い	←→	窄 zhǎi	狭い
硬 yìng	硬い	←→	软 ruǎn	柔らかい	深 shēn	深い	←→	浅 qiǎn	浅い
好 hǎo	よい、上手な	←→	坏 huài	好ましくない					
胖 pàng	太っている	←→	瘦 shòu	痩せている					
安静 ānjìng	静かな	←→	热闹 rènao	にぎやかな					
贵 guì	（値段）高い	←→	便宜 piányi	安い					

関連語句

087

- □ 打太极拳 dǎ tàijíquán 【連】太極拳をする
- □ 看电视 kàn diànshì 【連】テレビを見る
- □ 条 tiáo 【量】細長いものを数える
- □ 围巾 wéijīn 【名】マフラー
- □ 漂亮 piàoliang 【形】きれい、美しい
- □ 课 kè 【名】授業

練習問題

1 音声を聞いて、内容と一致する絵を A ～ D から選んでください。 088

A

B

C

D

① 图书馆很安静。 （　　　）　② 奶奶看电视。 （　　　）

③ 爷爷在公园散步。 （　　　）　④ 他很高兴。 （　　　）

2 音声を聞いて読まれた文を線で結んでみましょう。 089

ア	イ	ウ
英语课・	・在教室・	・吃饭
中文课・	・在饭店・	・上课
他・	・上・	・难
听力课・	・不・	・网课

5

3 次のピンインを簡体字に直し、日本語に訳してください。

① Nǐ zài xuéxiào shítáng chī wǔfàn ma?

簡体字 ________________

日本語 ________________

② Fēngjǐng hěn měi.

簡体字 ________________

日本語 ________________

4 日本語の意味に合わせて、単語を順に並べ替えてください。

① 围巾　很　条　这　漂亮（このマフラーはとてもきれいです。）

____

② 喝　在　他们　茶　茶馆（彼らは茶館でお茶を飲みます。）

____

5 次の文を中国語に訳してください。

① 王先生の授業はとてもおもしろいです。

____

② 私のおじいさんは公園で太極拳をします。

____

第6课 買い物

piān
A 篇

090

福田千惠： 我 想 买 一 张 电话卡。
Wǒ xiǎng mǎi yì zhāng diànhuàkǎ.

王小帅： 学校 的 小卖店 就 卖 电话卡。
Xuéxiào de xiǎomàidiàn jiù mài diànhuàkǎ.

福田千惠： 小卖店 在 哪儿？
Xiǎomàidiàn zài nǎr?

王小帅： 小卖店 在 食堂 旁边儿。
Xiǎomàidiàn zài shítáng pángbiānr.

新出語句

091

- 想 xiǎng 【助動】～したい
- 买 mǎi 【動】買う
- 张 zhāng 【量】～枚（平らなものを数える）
- 电话卡 diànhuàkǎ 【名】SIM カード
- 小卖店 xiǎomàidiàn 【名】売店
- 就 jiù 【副】すぐそこに
- 卖 mài 【動】売る
- 旁边儿 pángbiānr 【方】そば

文法ポイント

092

1 方向や位置を表す「方向詞」

名詞の後につけて位置や方向を表す。

上 shàng（上）	上边儿 shàngbianr	上面 shàngmiàn
下 xià（下）	下边儿 xiàbianr	下面 xiàmiàn
左 zuǒ（左）	左边儿 zuǒbianr	左面 zuǒmiàn
右 yòu（右）	右边儿 yòubianr	右面 yòumiàn
前 qián（前）	前边儿 qiánbianr	前面 qiánmiàn
后 hòu（後）	后边儿 hòubianr	后面 hòumiàn
里 lǐ（中）	里边儿 lǐbianr	里面 lǐmiàn
外 wài（外）	外边儿 wàibianr	外面 wàimiàn
旁 páng（そば）	旁边儿 pángbiānr	

▶手机在桌子上。 Shǒujī zài zhuōzi shang.
▶超市在邮局左边儿。 Chāoshì zài yóujú zuǒbianr.

手机 shǒujī 【名】携帯電話、スマホ

2 助動詞“想”

主語 ＋“想”＋ 動詞　「～したい」

▶你想买什么？ Nǐ xiǎng mǎi shénme?
　——我想买一台游戏机。 Wǒ xiǎng mǎi yì tái yóuxìjī.
▶你想喝咖啡吗？ Nǐ xiǎng hē kāfēi ma?
　——我不想喝咖啡。 Wǒ bù xiǎng hē kāfēi.
　　我要喝乌龙茶。 Wǒ yào hē wūlóngchá.

※“要”は“想”より強い意志を表す。否定は“要”“想”どちらも“不想”となる。(p.99“要”を合わせて参照)

台 tái 【量】～台（機械、設備を数える）
游戏机 yóuxìjī 【名】ゲーム機
要 yào 【助動】～したい
咖啡 kāfēi 【名】コーヒー
乌龙茶 wūlóngchá 【名】烏龍茶

関連語句

093

- □ 床 chuáng 【名】ベッド
- □ 洗衣机 xǐyījī 【名】洗濯機
- □ 厨房 chúfáng 【名】台所
- □ 冰箱 bīngxiāng 【名】冷蔵庫
- □ 卧室 wòshì 【名】寝室
- □ 客厅 kètīng 【名】リビングルーム
- □ 浴室 yùshì 【名】バスルーム
- □ 路 lù 【名】道路
- □ 售票处 shòupiàochù 【名】切符、売場
- □ 停车场 tíngchēchǎng 【名】駐車場
- □ 入口 rùkǒu 【名】入り口
- □ 出口 chūkǒu 【名】出口

練習問題

1 音声を聞いて、絵と一致する語句を完成しましょう。 094

①

手机在电脑（　　　　　　　　）。

②

猫在桌子（　　　　　　　　）。

③

小学生在路（　　　　　　　　）。

④

公共汽车在路（　　　　　　　　）。

2 発音を聞いて簡体字で書き取りましょう。 095

① ______________________________

② ______________________________

③ ______________________________

④ ______________________________

3 次のピンインを簡体字に直し、日本語に訳してください。

① Yóujú zài nǎr?

簡体字 ＿＿＿＿＿＿＿＿

日本語 ＿＿＿＿＿＿＿＿＿＿＿＿＿＿＿＿

② Wǒ xiǎng kàn diànyǐng.

簡体字 ＿＿＿＿＿＿＿＿

日本語 ＿＿＿＿＿＿＿＿＿＿＿＿＿＿＿＿

4 日本語の意味に合わせて、単語を順に並べ替えてください。

① 左边儿　银行　超市　在（スーパーは銀行の左側です。）

＿＿＿＿＿＿＿＿＿＿＿＿＿＿＿＿＿＿＿＿＿＿＿＿

② 想　一部　我　手机　买（私はスマホを1台買いたいです。）

＿＿＿＿＿＿＿＿＿＿＿＿＿＿＿＿＿＿＿＿＿＿＿＿

5 次の文を中国語に訳してください。

① 切符売場は入り口の右側です。

＿＿＿＿＿＿＿＿＿＿＿＿＿＿＿＿＿＿＿＿＿＿＿＿

② 私は洗濯機を買いたいです。

＿＿＿＿＿＿＿＿＿＿＿＿＿＿＿＿＿＿＿＿＿＿＿＿

B 篇 (piān)

096

福田千惠：电话卡 多少 钱 一 张？
Diànhuàkǎ duōshao qián yì zhāng?

店员：您 买 校园 卡，还是 买 国际 漫游 卡？
Nín mǎi Xiàoyuán kǎ, háishi mǎi Guójì mànyóu kǎ?

福田千惠：我 要 买 国际 漫游 卡。
Wǒ yào mǎi Guójì mànyóu kǎ.

店员：国际 漫游 卡 十九 块 一 张。
Guójì mànyóu kǎ shíjiǔ kuài yì zhāng.

新出語句

097

多少 duōshao	【疑代】（数量を問う）いくら
钱 qián	【名】貨幣
校园卡 Xiàoyuán kǎ	【固】学生用 SIM カード
还是 háishi	【接】それとも
国际漫游卡 Guójì mànyóu kǎ	【固】国際電話用 SIM カード
块 kuài	【量】貨幣の単位

文法ポイント

098

1 数量を尋ねる“多少”と“几”

“多少”＋名詞

▸体育馆里有多少人？　Tǐyùguǎn li yǒu duōshao rén?
　——体育馆里有三十人。　Tǐyùguǎn li yǒu sānshí rén.

体育馆 tǐyùguǎn 【名】体育館

“几”＋量詞＋名詞

▸教室里有几个人？　Jiàoshì li yǒu jǐ ge rén?
　——教室里有五个人。　Jiàoshì li yǒu wǔ ge rén.

※“多少”は数の大小に関係なく使う。
“几”は 10 未満の数を想定する場合に使う。

2 値段の聞き方

人民元の単位			
話し言葉	块 kuài	毛 máo	分 fēn
書き言葉	元 yuán	角 jiǎo	分 fēn

※ 1 块（元）＝ 10 毛（角）　1 毛（角）＝ 10 分
※最後の単位は省略できる。　11.30 元　→　11 块 3（毛）

▸这顶帽子多少钱？　Zhè dǐng màozi duōshao qián?
　——这顶帽子三十块。　Zhè dǐng màozi sānshí kuài.

顶 dǐng 【量】帽子やテントを数える
帽子 màozi 【名】帽子

▸那双运动鞋也是三十块吗？　Nà shuāng yùndòngxié yě shì sānshí kuài ma?
　——那双运动鞋不是三十块。
　Nà shuāng yùndòngxié bú shì sānshí kuài.
　那双运动鞋三百五十块。
　Nà shuāng yùndòngxié sānbǎi wǔshí kuài.

双 shuāng 【量】対になるものを数える。
运动鞋 yùndòngxié 【名】スニーカー

※口語で、金額を表す場合、“是”を使わなくてもよい。
否定は“是”を省略できず、“不是”となる。

3 選択疑問文

A ＋“还是”＋ B　　A か、それとも B か

▸你是老师还是学生？　Nǐ shì lǎoshī háishi xuésheng?
　——我是学生。　Wǒ shì xuésheng.

▸你先吃饭还是先写作业？　Nǐ xiān chīfàn háishi xiān xiě zuòyè?
　——我想先吃饭。　Wǒ xiǎng xiān chīfàn.

先 xiān 【副】先に

関連語句

099

- □ 东西 dōngxi 【名】品物
- □ 衬衫 chènshān 【名】シャツ
- □ 裤子 kùzi 【名】ズボン
- □ 飞机票 fēijīpiào 【名】航空券
- □ 火车票 huǒchēpiào 【名】列車の切符
- □ 二维码 èrwéimǎ 【名】QR コード
- □ 扫码 sǎomǎ 【動】スキャンする
- □ T 恤衫 Txùshān 【名】T シャツ
- □ 牛仔裤 niúzǎikù 【名】ジーンズ
- □ 试衣间 shìyījiān 【名】フィッテングルーム
- □ 收银台 shōuyíntái 【名】レジ
- □ 件 jiàn 【量】～枚、～着　衣類（主として上着）や事柄を数える
- □ 草莓 cǎoméi 【名】イチゴ
- □ 西瓜 xīguā 【名】スイカ

練習問題

1 音声を聞いて、絵と一致する語句を完成しましょう。 100

①
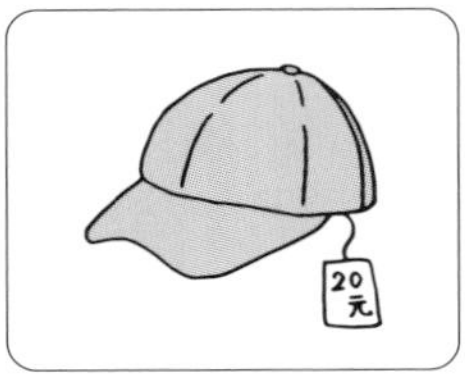

一顶帽子（　　　　　　　　）。

②

一双运动鞋（　　　　　　　　）。

③

一件衬衫（　　　　　　　　）。

④

一条牛仔裤（　　　　　　　　）。

2 発音を聞いて簡体字で書き取りましょう。 101

① ____________________　② ____________________

③ ____________________　④ ____________________

3 次のピンインを簡体字に直し、日本語に訳してください。

① Yùndòngxié duōshao qián?

簡体字 ______________________ 日本語 ______________________

② Zánmen qù jiàoshì háishi qù túshūguǎn?

簡体字 ______________________ 日本語 ______________________

4 日本語の意味に合わせて、単語を順に並べ替えてください。

① 吃　吃　还是　草莓　西瓜　你
（あなたはスイカを食べますか、それともイチゴを食べますか。）

____

② 四十五　牛仔裤　块（ジーンズは四十五元です。）

____

5 次の文を中国語に訳してください。

① あなたは航空券を買いますか、それとも列車の切符を買いますか。

____

② お茶１箱はいくらですか。

____

コラム

デジタル化が進む日常生活

近年、中国ではスマートフォンのアプリを利用することが必要不可欠となり、生活のデジタル化が急速に進んできました。「阿里巴巴」（アリババ）の「支付宝」（アリペイ）、「腾讯」（テンセント）の「微信支付」（ウィーチャットペイ）に代表されるモバイル決済が普及しました。モバイル決済は、インターネット上だけではなく、コンビニやスーパーなどの商店、レストランや食堂、屋台に至るまで、街中の多くの場所で使えます。買い物は日常用品のほか、生鮮食品や出前もアプリを利用する人が多いです。返品の場合もアプリの返品ボタンをクリックすれば、代金が瞬時に返金されます。出かけるときに、航空券や高速鉄道チケットを予約したり、タクシーを呼んだりするときにも多くの人々はアプリを使います。医療分野では、医師による健康相談、慢性疾患の管理、病院の診察予約、保険加入、薬の宅配などサービスを利用できるアプリがいくつも出てきています。

第7课

状况を尋ねる

A篇 (piān)

102

王小帅：你 吃 早饭 了 吗？
Nǐ chī zǎofàn le ma?

福田千惠：我 还 没 吃 呢。
Wǒ hái méi chī ne.

王小帅：我 买了 一 份儿 油条 和 一 份儿 豆腐脑。你 尝尝 吧。
Wǒ mǎile yí fènr yóutiáo hé yí fènr dòufunǎo. Nǐ chángchang ba.

福田千惠：哇，真 好吃。
Wā, Zhēn hàochī.

新出語句

103

- 早饭 zǎofàn 【名】朝食
- 了 le 【助】～した、～になった
- 还没～呢 hái méi ~ ne 【連】まだ～していない
- 份儿 fènr 【量】～分、～セット
- 油条 yóutiáo 【名】ヨウティアオ（小麦粉を油で揚げた揚げパン）
- 豆腐脑 dòufunǎo 【名】トウフナオ（あんかけ豆腐）
- 尝 cháng 【動】味見する
- 哇 wā 【感】わあー
- 真 zhēn 【副】実に、確かに
- 好吃 hǎochī 【形】おいしい

文法ポイント

104

1 事柄の発生、状態の変化を表す“了”（文末に置く）　「～した」「～になった」

▶樱花开了吗？	Yīnghuā kāi le ma?
——樱花已经开了。	Yīnghuā yǐjīng kāi le.
▶老师来了吗？	Lǎoshī lái le ma?
——老师还没来呢。	Lǎoshī hái méi lái ne.
▶你多大了？	Nǐ duō dà le?
——我二十岁了。	Wǒ èrshí suì le.

※“已经～了”、“还没～呢”の形は多く使う。

开 kāi 【動】咲く
已经 yǐjīng 【副】すでに、もう

7

2 動作の完了を表す“了”

動詞 ＋“了”＋ 数量詞 ＋ 目的語　「～した」

▶他喝了什么？	Tā hēle shénme?
——他喝了一杯饮料。	Tā hēle yì bēi yǐnliào.
▶你学了几年英语？	Nǐ xuéle jǐ nián Yīngyǔ?
——我学了六年英语。	Wǒ xuéle liù nián Yīngyǔ.

杯 bēi 【量】杯やコップなどの容器を単位として液体の量を数える。
饮料 yǐnliào 【名】飲み物

3 動詞の重ね型　「ちょっと～する」「ちょっと～してみる」

動作の時間や回数が少量であることを表す。語気を和らげるために用いられる。

等等　děngdeng　／　等一下　děng yíxià
试试　shìshi　／　试一下　shì yíxià
我想看看那本书。　Wǒ xiǎng kànkan nà běn shū.

试 shì 【動】試す

関連語句

105

□ 鸡蛋 jīdàn	【名】	たまご
□ 面包 miànbāo	【名】	パン
□ 乌冬面 wūdōngmiàn	【名】	うどん
□ 牛奶 niúnǎi	【名】	牛乳
□ 酱汤 jiàngtāng	【名】	味噌汁
□ 米饭 mǐfàn	【名】	白ご飯
□ 碗 wǎn	【量】	～杯
□ 饱 bǎo	【形】	満腹になる
□ 饿 è	【形】	ひもじい
□ 香蕉 xiāngjiāo	【名】	バナナ
□ 樱桃 yīngtáo	【名】	さくらんぼ
□ 做 zuò	【動】	する、作る

練習問題

1 音声を聞いて、絵と一致する語句を完成しましょう。 106

① 

妈妈（　　　　　　　　）了
一个（　　　　　　　　）。

② 

爸爸（　　　　　　　　）了
十个（　　　　　　　　）。

③ 

姐姐（　　　　　　　　）了
一个（　　　　　　　　）。

④ 

妹妹（　　　　　　　　）了
一杯（　　　　　　　　）。

2 発音を聞いて簡体字で書き取りましょう。 107

① ______

② ______

③ ______

④ ______

3 次のピンインを簡体字に直し、日本語に訳してください。

① Tā qù xuéxiào le.

簡体字 ______

日本語 ______

② Wǒ xiǎng kànkan nà běn shū.

簡体字 ______

日本語 ______

4 日本語の意味に合わせて、単語を順に並べ替えてください。

① 上课　已经　吗　了。(授業はもう始まりましたか。)

______

② 了　哥哥　我　乌冬面　一碗　吃(私の兄はうどんを一杯食べました。)

______

5 次の文を中国語に訳してください。

① 私は一年間中国語を習いました。

______

② 私はまだご飯を食べていません。

______

B 篇 (piān)

108

王小帅：　你 在 干 什么 呢？
Nǐ zài gàn shénme ne?

福田千惠：　我 在 准备 下周 的 中文 演讲 呢。
Wǒ zài zhǔnbèi xiàzhōu de Zhōngwén yǎnjiǎng ne.

王小帅：　准备得 怎么样 了？
Zhǔnbèide zěnmeyàng le?

福田千惠：　我 正 练着 发音 呢。唉，声调 太 难 了。
Wǒ zhèng liànzhe fāyīn ne. Ài, shēngdiào tài nán le.

新出語句

109

- 在 zài 【副】～している（動詞の前）
- 干 gàn 【動】やる、する
- 呢 ne 【助】～している（文末に）
- 准备 zhǔnbèi 【動】準備する
- 演讲 yǎnjiǎng 【名】スピーチ
- 得 de 【助】（補語を導く）
- 怎么样 zěnmeyàng 【疑代】どうですか（状況を問う）
- 正（在） zhèng(zài) 【副】ちょうど～している（動詞の前）
- 练（习） liàn(xí) 【動】練習する
- 发音 fāyīn 【名】発音
- 唉 ài 【感】ああ
- 声调 shēngdiào 【名】声調
- 着 zhe 【助】～している、～してある（動詞の後。持続・存在を強調）

文法ポイント

110

1 進行表現

"正"／"在"＋動詞(句)＋"呢"　「ちょうど～している」「～している」

▶你在干什么呢？　Nǐ zài gàn shénme ne?
——我在看电视呢。　Wǒ zài kàn diànshì ne.

▶你们正在上课吗？　Nǐmen zhèng zài shàngkè ma?
——我们没上课。我们正在休息。
Wǒmen méi shàngkè. Wǒmen zhèng zài xiūxi.

休息 xiūxi 【動】休憩する

※"正"、"在"、"呢"を互いに組み合わせてもよい。

7

2 持続表現

動詞＋"着"　「～ている」「～てある」

動作や状態の持続を表す。

穿 chuān 【動】着る　衣服 yīfu 【名】服

▶今天她穿着什么衣服呢？　Jīntiān tā chuānzhe shénme yīfu ne?
——今天她穿着连衣裙。　Jīntiān tā chuānzhe liányīqún.

▶房间里开着灯吗？　Fángjiān li kāizhe dēng ma?
——房间里没开着灯。　Fángjiān li méi kāizhe dēng.

※否定は動詞の前に"没"を置く。

连衣裙 liányīqún 【名】ワンピース
开 kāi 【動】つける、開ける
灯 dēng 【名】電灯

3 様態補語　～するのが～だ

動作の様子、状態はどうなったかを補充して説明する。

目的語がない場合　主語＋動詞＋"得"＋形容詞

▶他跑得快吗？　Tā pǎode kuài ma?
——他跑得非常快。　Tā pǎode fēicháng kuài.

▶你吃得多吗？　Nǐ chīde duō ma?
——我吃得不多。　Wǒ chīde bù duō.

快 kuài 【形】速い
非常 fēicháng 【副】たいへん、きわめて

目的語がある場合　主語＋(動詞)＋目的語＋前と同じ動詞＋"得"＋形容詞

目的語を伴う場合、動詞を2回繰り返す。目的語前の動詞は省略できる。

▶他(打)棒球打得好吗？　Tā (dǎ) bàngqiú dǎde hǎo ma?
——他(打)棒球打得很好。　Tā (dǎ) bàngqiú dǎde hěn hǎo.

(打)棒球 (dǎ) bàngqiú 【連】野球をする　好 hǎo 【形】よい、上手な

▶她（说）英语说得怎么样？　Tā (shuō) Yīngyǔ shuōde zěnmeyàng?
——她（说）英语说得不好。　Tā (shuō) Yīngyǔ shuōde bù hǎo.

関連語句

111

- □ 滑雪 huáxuě 【動】スキーをする
- □ 滑冰 huábīng 【動】スケートをする
- □ 弹吉他 tán jítā 【連】ギターを弾く
- □ 打篮球 dǎ lánqiú 【連】バスケットボールをする
- □ 踢足球 tī zúqiú 【連】サッカーをする
- □ 看动漫 kàn dòngmàn 【連】アニメーションを見る
- □ 打乒乓球 dǎ pīngpāngqiú 【連】卓球をする
- □ 棒球比赛 bàngqiú bǐsài 【連】野球の試合
- □ 地图 dìtú 【名】地図
- □ 钟 zhōng 【名】掛け時計、置き時計

練習問題

1 音声を聞いて、絵と一致する語句を完成しましょう。　112

①

他正在（　　　　　　　　）呢。

②

她正在（　　　　　　　　）呢。

③

他正在（　　　　　　　　）呢。

④

他正在（　　　　　　　　）呢。

2 発音を聞いて簡体字で書き取りましょう。　113

① ＿＿＿＿＿＿＿＿＿＿　② ＿＿＿＿＿＿＿＿＿＿

③ ＿＿＿＿＿＿＿＿＿＿　④ ＿＿＿＿＿＿＿＿＿＿

3 次のピンインを簡体字に直し、日本語に訳してください。

① Wǒmen zài shàngkè ne.

簡体字 ＿＿＿＿＿＿＿＿ 日本語 ＿＿＿＿＿＿＿＿

② Tā pǎode bú kuài.

簡体字 ＿＿＿＿＿＿＿＿ 日本語 ＿＿＿＿＿＿＿＿

4 日本語の意味に合わせて、単語を順に並べ替えてください。

① 看　比赛　在　我　呢　棒球（私は野球の試合を見ています。）

② 一　钟　挂　墙上　个　着（壁に掛け時計が1個かけてあります。）

5 次の文を中国語に訳してください。

① 今日彼女はワンピースを着ています。

② 彼女は中国語を話すのがとても上手です。

コラム

中国の朝食

中国では、朝ごはんを家で食べる家庭もありますが、通勤や通学途中に外で済ませる人も少なくありません。中国では伝統的な朝ごはんを屋台やレストランで気軽に味わうことができます。広い中国では、地域によって朝ごはんのメニューは異なります。北方の人は暖かいものを食べる習慣があります。例えば、「豆浆」（豆乳）、「油条」（揚げパン）、「豆腐脑」（トウフナオ）、麺類、「馄饨」（ワンタン）などがあります。南方の人はのんびりとお茶を飲みながら料理を食べる「早茶」（飲茶）が好きです。

第8课

趣味と料理

A 篇 (piān)

114

王小帅： 你 的 爱好 是 什么？
Nǐ de àihào shì shénme?

福田千惠： 我 喜欢 运动。
Wǒ xǐhuan yùndòng.

王小帅： 你 擅长 什么 运动？
Nǐ shàncháng shénme yùndòng?

福田千惠： 我 能 跑 全程 马拉松。
Wǒ néng pǎo quánchéng mǎlāsōng.

新出語句

115

- 爱好 àihào 【名】趣味
- 喜欢 xǐhuan 【動】～を好む
- 运动 yùndòng 【名】運動する
- 擅长 shàncháng 【動】～を得意とする
- 能 néng 【助動】できる
- 跑 pǎo 【動】走る
- 全程马拉松 quánchéng mǎlāsōng 【連】フルマラソン

文法ポイント

116

1 “喜欢”

“喜欢” ＋ 名詞　「～がすきだ」

▶你喜欢小动物吗？　Nǐ xǐhuan xiǎodòngwù ma?
　——我喜欢小狗。　Wǒ xǐhuan xiǎogǒu.

▶你喜欢什么花？　Nǐ xǐhuan shénme huā?
　——我喜欢玫瑰花。　Wǒ xǐhuan méiguihuā.

小动物 xiǎodòngwù 【名】（可愛らしい）動物
小狗 xiǎogǒu 【名】（可愛らしい）犬
玫瑰花 méiguihuā 【名】バラ

“喜欢” ＋ 動詞 ＋ 目的語　「～するのがすきだ」

▶你喜欢喝咖啡吗？　Nǐ xǐhuan hē kāfēi ma?
　——我很喜欢喝咖啡。　Wǒ hěn xǐhuan hē kāfēi.

▶你喜欢玩儿游戏吗？　Nǐ xǐhuan wánr yóuxì ma?
　——我不喜欢玩儿游戏。　Wǒ bù xǐhuan wánr yóuxì.

※否定は“不喜欢”となる。

玩儿游戏 wánr yóuxì 【連】ゲームをする

2 助動詞“能”

能力があり、条件が整って「～できる」。

▶你能吃辣的食物吗？　Nǐ néng chī là de shíwù ma?
　——能。　Néng.
　　我能吃辣的四川火锅。　Wǒ néng chī là de Sìchuān huǒguō.

辣 là 【形】辛い
食物 shíwù 【名】食物
四川火锅 Sìchuān huǒguō 【連】四川火鍋

▶学校能上网吗？　Xuéxiào néng shàngwǎng ma?
　——学校不能上网。　Xuéxiào bù néng shàngwǎng.

※否定は“不能”となる。

上网 shàngwǎng 【動】インターネットに接続する

関連語句

117

- □ 读书 dúshū 【動】読書する
- □ 钓鱼 diàoyú 【動】魚釣りをする
- □ 听音乐 tīng yīnyuè 【連】音楽を鑑賞する
- □ 上网购物 shàngwǎng gòuwù 【連】ネットで買い物をする
- □ 凤爪 fèngzhǎo 【名】鳥の足
- □ 皮蛋 pídàn 【名】皮蛋（ピータン）
- □ 香菜 xiāngcài 【名】香菜（パクチー）
- □ 辣椒 làjiāo 【名】トウガラシ
- □ 臭豆腐 Chòudòufu 【名】臭豆腐（しゅうどうふ）
- □ 榴莲 liúlián 【名】ドリアン
- □ 韭菜 jiǔcài 【名】にら
- □ 苦瓜 kǔguā 【名】ゴーヤ
- □ 困 kùn 【形】眠い
- □ 开车 kāichē 【動】運転する
- □ 红色 hóngsè 【名】赤
- □ 蓝色 lánsè 【名】青色
- □ 粉色 fěnsè 【名】ピンク

練習問題

1 音声を聞いて、絵と一致する語句を完成しましょう。 118

①

他喜欢（　　　　　　　　）。

②

他喜欢（　　　　　　　　）。

③

他不能（　　　　　　　　）。

④

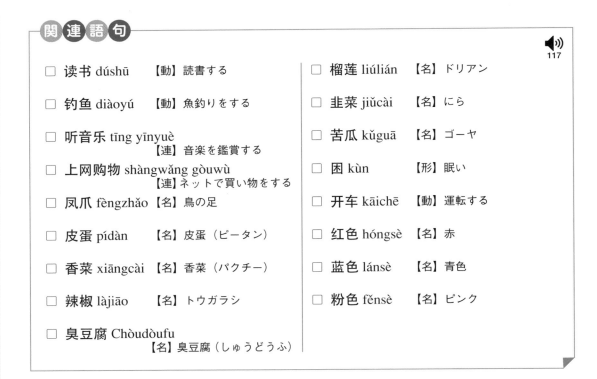

他能（　　　　　　　　）。

2 発音を聞いて簡体字で書き取りましょう。 119

① ________________

② ________________

③ ________________

④ ________________

3 次のピンインを簡体字に直し、日本語に訳してください。

① Wǒ xǐhuan méiguīhuā.

簡体字 ________________

日本語 ________________

② Xuéxiào néng shàngwǎng.

簡体字 ________________

日本語 ________________

4 日本語の意味に合わせて、単語を順に並べ替えてください。

① 喜欢　你　购物　吗　上网（あなたはネットで買い物をするのが好きですか。）

____

② 吃　能　你　吗　榴莲（あなたはドリアンを食べることができますか。）

____

5 次の文を中国語に訳してください。

① あなたは中国語を勉強することが好きですか。

____

② 図書館ではインターネットに接続することができます。

____

B 篇 (piān)

120

福田千惠：你 会 做 中国菜 吗？
Nǐ huì zuò zhōngguócài ma?

王小帅：我 会 包 饺子。
Wǒ huì bāo jiǎozi.

福田千惠：我 很 喜欢 吃 饺子。你 可以 教 我 做法 吗？
Wǒ hěn xǐhuan chī jiǎozi. Nǐ kěyǐ jiāo wǒ zuòfǎ ma?

王小帅：没 问题。
Méi wèntí.

新出語句

121

- 会 huì 【助動】できる
- 做 zuò 【動】する、作る
- 中国菜 zhōngguócài 【名】中華料理
- 包饺子 bāo jiǎozi 【連】餃子を作る
- 饺子 jiǎozi 【名】餃子
- 可以 kěyǐ 【助動】～してよい、（許可されて）できる
- 教 jiāo 【動】教える
- 做法 zuòfǎ 【名】作り方
- 没问题 méi wèntí 【連】問題がない

文法ポイント

122

1 二重目的語

主語 + 動詞 + 目的語1(人) + 目的語2(モノ/コト)

▶你给他什么了？ Nǐ gěi tā shénme le?
——我给了他一支铅笔。 Wǒ gěile tā yì zhī qiānbǐ.

▶谁教你们汉语？ Shéi jiāo nǐmen Hànyǔ?
——王老师教我们汉语。 Wáng lǎoshī jiāo wǒmen Hànyǔ.

支 zhī 【量】～本（棒状のものを数える）
给 gěi 【動】あげる

よく使う　二重目的語をとる動詞	
给 gěi あげる	教 jiāo 教える
送(给) sòng(gěi) 贈る、あげる	通知 tōngzhī 知らせる、通知する
借(给) jiè(gěi) 貸す	告诉 gàosu 伝える、知らせる
交(给) jiāo(gěi) 手渡す	叫 jiào 呼ぶ
问 wèn 尋ねる	

2 助動詞“会”

ある技能を習得して「～できる」。

▶你会弹钢琴吗？ Nǐ huì tán gāngqín ma?
——会。我会弹钢琴。 Huì. Wǒ huì tán gāngqín.

▶你会开车吗？ Nǐ huì kāichē ma?
——我不会开车。 Wǒ bú huì kāichē.

弹钢琴 tán gāngqín 【連】ピアノを弾く

※否定は“不会”となる。

3 助動詞“可以”

条件が整って許可されて「～できる」、「～してもよい」。

▶我们可以休息吗？ Wǒmen kěyǐ xiūxi ma?
——可以。 Kěyǐ.

▶我可以坐这里吗？ Wǒ kěyǐ zuò zhèlǐ ma?
——不行。这儿已经有人了。 Bùxíng. Zhèr yǐjīng yǒu rén le.
你不能坐这儿。 Nǐ bù néng zuò zhèr.

不行 bùxíng 【動】いけない、だめだ

※否定は通常、“不能”を用いる。単独で答えるときには“不行”となる。

関連語句

123

- □ 寿司 shòusī 【名】寿司
- □ 拉面 lāmiàn 【名】ラーメン
- □ 牛肉饭 niúròufàn 【名】牛丼
- □ 意面 yìmiàn 【名】スパゲッティ
- □ 回锅肉 huíguōròu 【名】ホイコーロー
- □ 日本料理 rìběnliàolǐ 【名】日本料理
- □ 炒饭 chǎofàn 【名】チャーハン
- □ 小笼包 xiǎolóngbāo 【名】ショーロンポー
- □ 青椒肉丝 Qīngjiāoròusī 【名】チンジャオロース
- □ 法国菜 fǎguócài 【名】フランス料理
- □ 老板 lǎobǎn 【名】ボス、社長

練習問題

1 音声を聞いて、絵と一致する語句を完成しましょう。 124

① 

他给我（　　　　　　　　）。

② 

我会（　　　　　　　　）。

③ 

我给他（　　　　　　　　）。

④ 

我会（　　　　　　　　）。

2 発音を聞いて簡体字で書き取りましょう。 125

① ________________________________

② ________________________________

③ ________________________________

④ ________________________________

3 次のピンインを簡体字に直し、日本語に訳してください。

① Wǒ bú huì tán gāngqín.

簡体字 ＿＿＿＿＿＿＿＿

日本語 ＿＿＿＿＿＿＿＿＿＿＿＿＿＿

② Wǒ gěile tā yì zhī qiānbǐ.

簡体字 ＿＿＿＿＿＿＿＿

日本語 ＿＿＿＿＿＿＿＿＿＿＿＿＿＿

4 日本語の意味に合わせて、単語を順に並べ替えてください。

① 一部　我　老板　给　手机（社長は私にスマホを１台くれます。）

＿＿＿＿＿＿＿＿＿＿＿＿＿＿＿＿＿＿＿＿＿＿＿＿

② 这儿　不能　你们　坐（あなたたちはここに座ってはいけません。）

＿＿＿＿＿＿＿＿＿＿＿＿＿＿＿＿＿＿＿＿＿＿＿＿

5 次の文を中国語に訳してください。

① あなたは日本料理を作ることができますか。

＿＿＿＿＿＿＿＿＿＿＿＿＿＿＿＿＿＿＿＿＿＿＿＿

② 私は彼に青色のシャツを一枚あげました。

＿＿＿＿＿＿＿＿＿＿＿＿＿＿＿＿＿＿＿＿＿＿＿＿

第9课

天気と気候

A 篇 (piān)

126

王小帅：外面 下雨 了。
Wàimiàn xiàyǔ le.

福田千惠：糟糕！我 没 带 雨伞。
Zāogāo! Wǒ méi dài yǔsǎn.

王小帅：别 担心。天气 预报 说，傍晚 雨 会 停。
Bié dānxīn. Tiānqì yùbào shuō, bàngwǎn yǔ huì tíng.

福田千惠：那 就 好。
Nà jiù hǎo.

新出語句

127

- 外面 wàimiàn 【名】外、外側
- 下雨 xiàyǔ 【動】雨が降る
- 糟糕 zāogāo 【形】しまった、（状況等が）まずい
- 带 dài 【動】持つ、携帯する
- 雨伞 yǔsǎn 【名】傘
- 别 bié 【副】（必要がない）～しなくてよい、（軽く禁止）～しないで
- 担心 dānxīn 【動】心配する
- 天气预报说 tiānqì yùbào shuō 【連】天気予報によると
- 傍晚 bàngwǎn 【名】夕方
- 雨 yǔ 【名】雨
- 会 huì 【助動】（可能性がある）～だろう
- 停 tíng 【動】止む
- 那就好 Nà jiù hǎo 【連】それならいい

文法ポイント

128

1 存現文

「場所」＋ 動詞 ＋「物／人」

ある場所にモノや人が現れたり、存在したりすることを表す。自然現象や天候にも使う。

▸院子里有什么声音？　Yuànzi li yǒu shénme shēngyīn?
　——院子里来了一只猫。　Yuànzi li láile yì zhī māo.

▸墙上挂着什么？　Qiáng shang guàzhe shénme?
　——墙上挂着一张地图。　Qiáng shang guàzhe yì zhāng dìtú.

院子 yuànzi	【名】庭、中庭
声音 shēngyīn	【名】音
墙 qiáng	【名】壁
挂 guà	【動】掛ける

※存現文は「物／人」は不定か新出の特性がある。
※述語動詞の後によく“着”か“了”を伴う。

2 可能性を表す“会”「〜だろう」

▸明天会下雨吗？　Míngtiān huì xiàyǔ ma?
　——不会。明天不会下雨。　Búhuì. Míngtiān bú huì xiàyǔ.

▸他会来吗？　Tā huì lái ma?
　——会。他一定会来。　Huì. Tā yídìng huì lái.

一定 yídìng	【副】きっと

※否定は“不会”となる。

関連語句

129

□ 晴 qíng	【形】晴れ	□ 阴 yīn	【形】曇り
□ 雪 xuě	【名】雪	□ 风 fēng	【名】風
□ 地震 dìzhèn	【名】地震	□ 台风 táifēng	【名】台風
□ 海啸 hǎixiào	【名】津波	□ 暴雨 bàoyǔ	【名】豪雨
		□ 照片 zhàopiàn	【名】写真

練習問題

1 音声を聞いて、絵と一致する語句を完成しましょう。 130

① 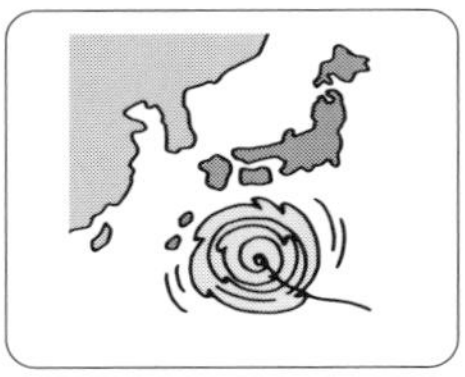

（　　　　　　　）就要来了。

② 

（　　　　　　　）来（　　　　　　　）。

③ 

（　　　　　　　）。

④ 

外面（　　　　　　　）。

2 発音を聞いて簡体字で書き取りましょう。 131

① ______________________

② ______________________

③ ______________________

④ ______________________

3 次のピンインを簡体字に直し、日本語に訳してください。

① Yuànzi li láile yì zhī māo.

簡体字 ______________________

日本語 ______________________________________

② Tā huì lái.

簡体字 ______________________

日本語 ______________________________________

4 日本語の意味に合わせて、単語を順に並べ替えてください。

① 晴　吗　下午　会（午後は晴れるでしょうか。）

____

② 挂着　张　两　墙上　照片（壁に写真が 2 枚かけてあります。）

____

5 次の文を中国語に訳してください。

① 天気予報によると、明日は雨が降るそうです。

____

② 教室に学生が 3 人来ました。

____

9

B 篇 (piān)

132

福田千惠：北京 冬天 冷 吗？
Běijīng dōngtiān lěng ma?

王小帅：北京 比 东京 冷 一点儿。
Běijīng bǐ Dōngjīng lěng yìdiǎnr.

福田千惠：北京 什么 季节 最 好？
Běijīng shénme jìjié zuì hǎo?

王小帅：北京 秋天 最 好。
Běijīng qiūtiān zuì hǎo.

新出語句

133

- 冬天 dōngtiān 【名】冬
- 冷 lěng 【形】寒い
- 比 bǐ 【前】～より
- 一点儿 yìdiǎnr 【連】少し（比較の差がわずか）
- 季节 jìjié 【名】季節
- 秋天 qiūtiān 【名】秋

文法ポイント

134

1 主述述語文　～は～が～だ

述語の部分に主語と述語が入っている構文。

主語 ＋ 述語
（小主語＋小述語）

▸他个子高吗？　Tā gèzi gāo ma?
——他个子很高。　Tā gèzi hěn gāo.

个子 【名】身長 gèzi	高 【形】高い gāo

▸今天天气怎么样？　Jīntiān tiānqì zěnmeyàng?
——今天天气不太好。　Jīntiān tiānqì bú tài hǎo.

天气 【名】天気 tiānqì

2 比较表現"比"　「～より」

肯定文　A＋"比"＋B＋形容詞＋(差分)　AはBより～だ

▸你们谁大？　Nǐmen shéi dà?
——他比我大两岁。　Tā bǐ wǒ dà liǎng suì.

▸飞机票什么时候便宜？　Fēijīpiào shénme shíhou piányi?
——开学以后，飞机票会比现在便宜一点儿吧。
Kāixué yǐhòu, fēijīpiào huì bǐ xiànzài piányi yìdiǎnr ba.

大 【形】年上、大きい dà
开学 【動】学校が始まる kāixué
以后 【方】～の後 yǐhòu

否定文　A＋"没(有)"＋B＋形容詞　AはBほど～ない

▸你和福田谁高？　Nǐ hé Fútián shéi gāo?
——我没有福田高。　Wǒ méiyǒu Fútián gāo.

▸公交车快还是地铁快？　Gōngjiāochē kuài háishi dìtiě kuài?
——公交车没有地铁快。　Gōngjiāochē méiyǒu dìtiě kuài.

公交车 【名】路線バス gōngjiāochē

関連語句

135

- □ 春天 chūntiān 【名】春
- □ 夏天 xiàtiān 【名】夏
- □ 汽车 qìchē 【名】自動車
- □ 夜市 yèshì 【名】夜市（夕方から真夜中に屋台、露店、雑貨が集まる市）
- □ 暖和 nuǎnhuo 【形】暖かい
- □ 凉爽 liángshuǎng 【形】涼しい
- □ 早市 zǎoshì 【名】朝市

練習問題

1 音声を聞いて、絵と一致する語句を完成しましょう。 136

①

哥哥比（　　　　　　　　）。

②

火车比（　　　　　　　　）。

③

西瓜比（　　　　　　　　）。

④

这个没有（　　　　　　　　）。

2 発音を聞いて簡体字で書き取りましょう。 137

① ______________________________

② ______________________________

③ ______________________________

④ ______________________________

3 次のピンインを簡体字に直し、日本語に訳してください。

① Běijīng qiūtiān zuì hǎo.

簡体字 ______________________

日本語 ____

② Jīntiān bǐ zuótiān lěng.

簡体字 ______________________

日本語 ____

4 日本語の意味に合わせて、単語を順に並べ替えてください。

① 早市　很多　人（朝市は人が多いです。）

____

② 没有　公交车　快　地铁（バスは地下鉄ほど速くありません。）

____

5 次の文を中国語に訳してください。

① 彼は私より２歳年上です。

____

② 東京は京都より少し涼しいです。

____

第10课 週末の外出

A篇 (piān)

138

王小帅：周末 你 打算 干 什么？
Zhōumò nǐ dǎsuàn gàn shénme?

福田千惠：我 打算 写完 学习 报告。你 呢？
Wǒ dǎsuàn xiěwán xuéxí bàogào. Nǐ ne?

王小帅：我 打算 去 博物馆 看 展览。
Wǒ dǎsuàn qù bówùguǎn kàn zhǎnlǎn.

福田千惠：我 可以 跟 你 一起 去 吗？
Wǒ kěyǐ gēn nǐ yìqǐ qù ma?

王小帅：好 啊。
Hǎo a.

新出語句

139

- **周末** zhōumò 【名】週末
- **打算** dǎsuàn 【動】～するつもりだ
- **写完** xiěwán 【連】書き終わる、書き終える
- **学习报告** xuéxí bàogào 【連】レポート
- **博物馆** bówùguǎn 【名】博物館
- **跟～一起** gēn ~ yìqǐ 【連】～と一緒に

文法ポイント

140

1 "打算"　「～するつもりだ」

▶周末你打算干什么？　Zhōumò nǐ dǎsuàn gàn shénme?
　──我打算去看京剧。　Wǒ dǎsuàn qù kàn jīngjù.

京剧 【名】京劇
jīngjù

▶你打算参加汉语水平考试吗？　Nǐ dǎsuàn cānjiā Hànyǔ Shuǐpíng Kǎoshì ma?
　──我不打算参加。　Wǒ bù dǎsuàn cānjiā.

※否定は通常、"不打算"となる。

汉语水平考试 【固】HSK（漢語水平考試）
Hànyǔ Shuǐpíng Kǎoshì
参加 【動】参加する
cānjiā

10

2 結果補語

動詞 ＋ 結果補語（動詞／形容詞）

動詞の直後に置き、動作の結果はどうなったかを補充して説明する。

▶你买到音乐会的票了吗？　Nǐ mǎidào yīnyuèhuì de piào le ma?
　──我已经买到了。　Wǒ yǐjīng mǎidào le.

▶你记住回家的路了吗？　Nǐ jìzhù huíjiā de lù le ma?
　──我没记住。　Wǒ méi jìzhù.

※否定文は"了"が不要で、動詞の前に"没"を置く。

音乐会 【名】コンサート
yīnyuèhuì
票 【名】チケット
piào
记住 【動】覚えられる
jìzhù

よく使う結果補語

	例	
完　完結する、仕上がる wán	写完（書き終わる） xiěwán	做完（やり終える） zuòwán
好　満足な状態でし終わる hǎo	吃好（ちゃんと食べる） chīhǎo	睡好（ちゃんと寝る） shuìhǎo
错　間違っている cuò	听错（聞き間違える） tīngcuò	选错（選び間違える） xuǎncuò
到　達する、手に入れる dào	找到（見つけられる） zhǎodào	买到（手に入った、買える） mǎidào
懂　わかる dǒng	听懂（聞いてわかる） tīngdǒng	读懂（読んでわかる） dúdǒng
住　固定を表す zhù	拿住（しっかり持つ） názhù	记住（しっかり覚える） jìzhù

関連語句

141

□ 找 zhǎo 【動】探す

□ 读 dú 【動】読む

□ 记 jì 【動】記憶する

□ 选 xuǎn 【動】選ぶ

□ 拿 ná 【動】持つ

□ 打工 dǎgōng 【動】アルバイトする

□ 故宫 Gùgōng 【固】故宮（宮殿）

□ 万里长城 Wànlǐ chángchéng 【固】万里の長城

□ 北京环球影城 Běijīng huánqiú yǐngchéng 【固】ユニバーサルスタジオ北京

□ 去（場所）旅行 qù ~ lǚxíng 【連】～を旅行する

□ 北海道 Běihǎidào 【固】北海道

練習問題

1 音声を聞いて、絵と一致する語句を完成しましょう。 142

①

我打算（　　　　　　　　　　）。

②

我打算（　　　　　　　　　　）。

③

我打算（　　　　　　　　　　）。

④

我打算（　　　　　　　　　　）。

2 発音を聞いて簡体字で書き取りましょう。 143

① ______________________________

② ______________________________

③ ______________________________

④ ______________________________

3 次のピンインを簡体字に直し、日本語に訳してください。

① Wǒ dǎsuàn qù kàn jīngjù.

簡体字 ______________________

日本語 ______________________________________

② Tīngdǒng le.

簡体字 ______________________

日本語 ______________________________________

4 日本語の意味に合わせて、単語を順に並べ替えてください。

① 汉语水平考试　参加　他　打算（彼は HSK を受けるつもりです。）

____

② 我　中文课　今天的　没　太难了　听懂
（今日の中国語の授業はあまりにも難しいです。私は聞いて分かりませんでした。）

____

5 次の文を中国語に訳してください。

① あなたは航空券を手に入れましたか。

____

② 私は北海道を旅行するつもりです。

____

B 篇 (piān)

144

王小帅： 咱们 出发 吧。
Zánmen chūfā ba.

福田千惠： 博物馆 离 这儿 远 吗？
Bówùguǎn lí zhèr yuǎn ma?

王小帅： 从 这儿 到 博物馆 骑 车 要 十 分钟 左右。
Cóng zhèr dào bówùguǎn qí chē yào shí fēnzhōng zuǒyòu.

福田千惠： 那 咱们 骑 共享 单车 去 吧。
Nà zánmen qí gòngxiǎng dānchē qù ba.

新出語句

145

- 自行车 zìxíngchē 【名】自転車
- 离 lí 【前】～から、まで（2点間の空間的・時間的へだたり）
- 远 yuǎn 【形】遠い
- 从 cóng 【前】～から（起点を表す）
- 到 dào 【前】～まで（終点を表す）
- 骑车 qí chē 【連】自転車に乗る
- 要 yào 【動】かかる
- 骑 qí 【動】乗る
- 共享单车 gòngxiǎng dānchē 【名】シェアサイクル

文法ポイント

146

1 前置詞"从"「から」、前置詞"到"「まで」

▶从公交站到博物馆步行要多长时间？

Cóng gōngjiāozhàn dào bówùguǎn bùxíng yào duō cháng shíjiān?

——步行要五分钟左右。 Bùxíng yào wǔ fēnzhōng zuǒyòu.

公交站 【名】バス停 gōngjiāozhàn　步行 【動】歩く、歩行する bùxíng

▶你每天从几点到几点工作？

Nǐ měitiān cóng jǐ diǎn dào jǐ diǎn gōngzuò?

——我每天从早上八点到晚上五点工作。

Wǒ měitiān cóng zǎoshang bā diǎn dào wǎnshang wǔ diǎn gōngzuò.

工作 【動】仕事をする gōngzuò

10

2 前置詞"离"　「～から」「～まで」

2点間の空間的や時間的へだたりを表す。2点間の距離を計る基点を目的語にとる。

▶地铁站离你家近吗？ Dìtiězhàn lí nǐ jiā jìn ma?

——地铁站离我家很近。 Dìtiězhàn lí wǒ jiā hěn jìn.

▶离考试还有多长时间？

Lí kǎoshì hái yǒu duō cháng shíjiān?

——离考试还有一个星期。

Lí kǎoshì hái yǒu yí ge xīngqī.

近 【形】近い jìn
地铁站 【名】地下鉄の駅 dìtiězhàn
还 【副】まだ、あと hái

3 "要"の使い方

動詞としての"要"　～ほしい、～かかる

▶你要什么？ Nǐ yào shénme?

——我要一碗拉面。 Wǒ yào yì wǎn lāmiàn.

▶从你家到学校要多长时间？ Cóng nǐ jiā dào xuéxiào yào duō cháng shíjiān?

——从我家到学校骑自行车要五分钟左右。

Cóng wǒ jiā dào xuéxiào qí zìxíngchē yào wǔ fēnzhōng zuǒyòu.

助動詞としての"要"　～したい、～するつもりだ

▶星期天你打算干什么？ Xīngqītiān nǐ dǎsuàn gàn shénme?

——我要去看电影。 Wǒ yào qù kàn diànyǐng.

(p.63"想"を合わせて参照)

関連語句

147

- □ 植物园 zhíwùyuán 【名】植物園
- □ 动物园 dòngwùyuán 【名】動物園
- □ 电影院 diànyǐngyuàn 【名】映画館
- □ 面包店 miànbāodiàn 【名】パン屋
- □ 洗衣店 xǐyīdiàn 【名】クリーニング屋
- □ 书店 shūdiàn 【名】本屋
- □ 花店 huādiàn 【名】花屋
- □ 理发店 lǐfàdiàn 【名】美容室
- □ 游泳 yóuyǒng 【動】水泳をする
- □ 健身中心 jiànshēn zhōngxīn 【名】ジム

練習問題

1 音声を聞いて、絵と一致する語句を完成しましょう。 148

①

我每天从（　　　　　　　）到（　　　　　　　）学习中文。

②

我从（　　　　　　　）到（　　　　　　　）游泳。

③

我家（　　　　　　　）。

④

我家（　　　　　　　）。

2 発音を聞いて簡体字で書き取りましょう。 149

① ______________________________

② ______________________________

③ ______________________________

④ ______________________________

3 次のピンインを簡体字に直し、日本語に訳してください。

① Dìtiězhàn lí wǒ jiā hěn jìn.

簡体字 ＿＿＿＿＿＿＿＿ 日本語 ＿＿＿＿＿＿＿＿

② Wǒ cóng bā diǎn dào shí diǎn gōngzuò.

簡体字 ＿＿＿＿＿＿＿＿ 日本語 ＿＿＿＿＿＿＿＿

4 日本語の意味に合わせて、単語を順に並べ替えてください。

① 考试　有　离　还　一个星期（試験まであと 1 週間です。）

＿＿＿＿＿＿＿＿＿＿＿＿＿＿＿＿

② 步行　从　到　健身中心　学校　要　5 分钟左右
（学校からジムまでは歩いて 5 分ぐらいかかります。）

＿＿＿＿＿＿＿＿＿＿＿＿＿＿＿＿

5 次の文を中国語に訳してください。

① 動物園はここから遠いですか。

＿＿＿＿＿＿＿＿＿＿＿＿＿＿＿＿

② 私の家から学校まで自転車で 20 分ぐらいかかります。

＿＿＿＿＿＿＿＿＿＿＿＿＿＿＿＿

コラム

シェアサイクル

中国でのシェアサイクルは一般的に日本でイメージするレンタサイクルと比べてかなり自由度の高いレンタサイクルになっています。目の前の路上に停めてある自転車をアプリで解錠でき、目的地まで楽に速く移動することができるのです。目的地に着けば、アプリで会計して、自転車を乗り捨てることもできます。

第11课

病気の時に

piān
A 篇

150

王小帅： 你 怎么 了？没精打采 的。
Nǐ zěnme le? Méijīngdǎcǎi de.

福田千惠： 我 有点儿 不 舒服。
Wǒ yǒudiǎnr bù shūfu.

王小帅： 是 什么 时候 开始 的？
Shì shénme shíhou kāishǐ de?

福田千惠： 是 从 昨晚 开始 的。
Shì cóng zuówǎn kāishǐ de.

新出語句

151

- **怎么了** zěnme le 【連】どうしましたか
- **没精打采** méijīng dǎcǎi 【成】（うちしおれて）元気がない
- **有点儿** yǒudiǎnr 【副】少し
- **不舒服** bù shūfu 【形】体調や気分が悪い
- **昨晚** zuówǎn 【名】昨夜

文法ポイント

152

1 "是～的" 構文

("是") ＋ 強調部分 ＋ 動詞 ＋ "的"　～したのだ、～なのだ

すでに発生したことについて、時間、場所、方法、理由などを強調して説明する。
肯定文、疑問文は "是" を省略できる。否定文は "不是" となる。

▸你是什么时候来的？　Nǐ shì shénme shíhou lái de?
——我是昨天来的。　Wǒ shì zuótiān lái de.

▸你是在书店买的这本书吗？　Nǐ shì zài shūdiàn mǎi de zhè běn shū ma?
——不是在书店买的。　Bú shì zài shūdiàn mǎi de.
我在地摊儿买的。　Wǒ zài dìtānr mǎi de.

> 地摊儿 【名】露店
> dìtānr

2 "有点儿" と "一点儿"　「少し」

"有点儿" ＋ 形容詞／動詞

好ましくない、望ましくない場合に使う。

▸你怎么了？　Nǐ zěnme le?
——我有点儿累了。　Wǒ yǒudiǎnr lèi le.

▸他为什么没精打采了？　Tā wèishénme méijīngdǎcǎi le?
——他有点儿发烧了。　Tā yǒudiǎnr fāshāo le.

> 累 【形】疲れている
> lèi
> 发烧 【動】熱が出る
> fāshāo

形容詞／動詞 ＋ "一点儿"

量的に少ない、程度が軽い、比較の差がわずかの場合に使う。

▸你会说汉语吗？　Nǐ huì shuō Hànyǔ ma?
——我会说一点儿汉语。　Wǒ huì shuō yìdiǎnr Hànyǔ.

▸你可以慢一点儿说吗？　Nǐ kěyǐ màn yìdiǎnr shuō ma?
——好的。　Hǎo de.

> 好的 【連】いいですよ
> hǎo de

関連語句

153

□	感冒 gǎnmào	【動】風邪をひく	□	脚 jiǎo	【名】（くるぶしからつま先）足
□	生病 shēngbìng	【動】病気になる	□	头 tóu	【名】頭
□	疼 téng	【形】痛い	□	鼻子 bízi	【名】鼻
□	眼睛 yǎnjing	【名】目	□	嘴 zuǐ	【名】口
□	耳朵 ěrduo	【名】耳	□	肚子 dùzi	【名】お腹
□	胸 xiōng	【名】胸	□	手 shǒu	【名】手
□	胃 wèi	【名】胃	□	嗓子 sǎngzi	【名】のど
□	胳膊 gēbo	【名】うで	□	打车 dǎchē	【連】タクシーに乗る
□	腿 tuǐ	【名】（くるぶしから足のつけ根まで）足			

練習問題

1 音声を聞いて、絵と一致する語句を完成しましょう。 154

①

（　　　　　　　　　）。

②

（　　　　　　　　　）。

③

（　　　　　　　　　）。

④

（　　　　　　　　　）。

2 発音を聞いて簡体字で書き取りましょう。

155

① ______

② ______

③ ______

④ ______

3 次のピンインを簡体字に直し、日本語に訳してください。

① Wǒ huì shuō yìdiǎnr Hànyǔ.

簡体字 ______

日本語 ______

② Wǒ shì zuótiān lái de.

簡体字 ______

日本語 ______

4 日本語の意味に合わせて、単語を順に並べ替えてください。

① 便宜　能　吗　一点儿　这个（これは少し安くしてもらってもいいですか。）

______

② 这　买　衣服　的　件　是　在　网上（この服はネットで買ったのです。）

______

6 次の文を中国語に訳してください。

① 私はちょっと気分が悪いです。

______

② 私はタクシーに乗って来たのです。（"是…的" 構文を使う。）

______

piān
B 篇

156

王小帅：医生 跟 你 说 什么 了？
Yīshēng gēn nǐ shuō shénme le?

福田千惠：医生 让 我 好好儿 休息。
Yīshēng ràng wǒ hǎohāor xiūxi.

王小帅：最近 你 太 忙 了 吧。
Zuìjìn nǐ tài máng le ba.

福田千惠：是 啊。今晚 我 得 早 点儿 睡觉。
Shì a. Jīnwǎn wǒ děi zǎo diǎnr shuìjiào.

新出語句

157

医生 yīshēng	【名】医者	最近 zuìjìn	【名】最近
跟 gēn	【前】～に、～と	得 děi	【助動】～しなければならない
让 ràng	【動】させる	今晚 jīnwǎn	【名】今晩
好好儿 hǎohāor	【副】ちゃんと	早点儿 zǎo diǎnr	【連】早めに

文法ポイント

158

1 使役文“让”

A ＋“让”＋ B ＋ 動詞 ＋（目的語）　〜に〜させる / するように言う
B にさせる行為

A が B になんらかの動作をさせたり、なんらかのことを指示する意味を表す。

▶妈妈让你干什么？　Māma ràng nǐ gàn shénme?
——妈妈让我收拾房间。　Māma ràng wǒ shōushi fángjiān.

收拾　【動】片づける
shōushi

▶医生让你运动了吗？　Yīshēng ràng nǐ yùndòng le ma?
——医生不让我运动。　Yīshēng bú ràng wǒ yùndòng.

※否定は通常、“不让”となる。

2 助動詞“得”　「〜しなければならない」

▶你去哪儿？　Nǐ qù nǎr?
——我得去图书馆还书。　Wǒ děi qù túshūguǎn huán shū.

还　【動】返却する
huán

▶星期天你得打工吗？　Xīngqītiān nǐ děi dǎgōng ma?
——星期天我不用打工。　Xīngqītiān wǒ bú yòng dǎgōng.

※否定は“不用”となる。「〜必要がない」

関連語句

159

- □ 大夫 dàifu 【名】医者
- □ 护士 hùshi 【名】看護士
- □ 化验 huàyàn 【動】化学検査する
- □ 挂号 guà hào 【連】（病院で）受付する
- □ 开药（方） kāi yào(fāng) 【連】処方する
- □ 打点滴 dǎ diǎndī 【連】点滴する
- □ 住院 zhùyuàn 【動】入院する
- □ 挂号费 guàhàofèi 【名】初診料
- □ 打针 dǎzhēn 【動】注射する
- □ 减肥 jiǎnféi 【動】ダイエットをする、体重を減らす
- □ 吃药 chīyào 【連】薬を飲む
- □ 买东西 mǎi dōngxi 【連】買い物をする
- □ 请假 qǐngjià 【動】休みを取る
- □ 早退 zǎotuì 【動】早退する

練習問題

1 音声を聞いて、絵と一致する語句を完成しましょう。

160

①

（　　　　　　　　　　　　　　　）。

②

（　　　　　　　　　　　　　　　）。

③

（　　　　　　　　　　　　　　　）。

④

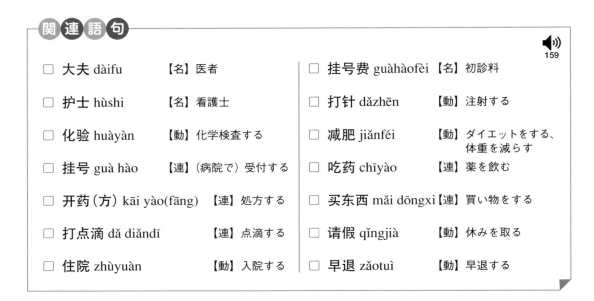

（　　　　　　　　　　　　　　　）。

2 発音を聞いて簡体字で書き取りましょう。 🔊161

① ______________________

② ______________________

③ ______________________

④ ______________________

3 次のピンインを簡体字に直し、日本語に訳してください。

① Yīshēng ràng wǒ hǎohāor xiūxi.

簡体字 ______________________

日本語 ______________________

② Wǒ děi dǎgōng.

簡体字 ______________________

日本語 ______________________

4 日本語の意味に合わせて、単語を順に並べ替えてください。

① 上课　得　明天　我　去（明日、私は授業に行かなければなりません。）

____

② 减肥　让　医生　我（お医者さんは私に体重を減らすように言いました。）

____

5 次の文を中国語に訳してください。

① あなたは薬を飲まなければなりません。

____

② 母は私にスーパーへ買い物に行かせます。

____

第12课 お別れの時に

A 篇 (piān)

162

王小帅：听说 你 马上 就 要 回 日本 了？
Tīngshuō nǐ mǎshàng jiù yào huí Rìběn le?

福田千惠：是。因为 我 的 课程 已经 结束 了，
shì. Yīnwèi wǒ de kèchéng yǐjīng jiéshù le,

所以 我 得 回去 了。
suǒyǐ wǒ děi huíqu le.

王小帅：真 舍不得 你 啊。
Zhēn shěbude nǐ a.

福田千惠：我 也 是。回去 以后，我 给 你 发 微信。
Wǒ yě shì. Huíqu yǐhòu, wǒ gěi nǐ fā Wēixìn.

新出語句

163

- **听说** tīngshuō 【動】聞くところによると～そうだ（文頭に用いる）
- **因为** yīnwèi 【接】～だから「原因を表す」
- **课程** kèchéng 【名】課程
- **所以** suǒyǐ 【接】～だから「結果を表す」
- **回** huí 【動】帰る、戻る
- **舍不得** shěbude 【動】別れるのがつらい、離れがたい
- **给** gěi 【前】～に
- **发** fā 【動】発送する

文法ポイント

164

1 方向補語

動詞の直後に置き、動作の移動方向を補充して説明する。

単純方向補語

動詞 ＋ “来”“lái”（くる）　例：带来 dàilai（持ってくる）
“去”“qù”（いく）　例：回去 huíqu（帰っていく）
“上”“shàng”（あがる）　例：跑上 pǎoshang（走って上がる）
“下”“xià”（降りる）　例：跳下 tiàoxia（飛び降りる）
“进”“jìn”（入る）　例：跑进 pǎojin（走って入る）
“出”“chū”（出る）　例：说出 shuōchu（言い出す）
“起”“qǐ”（下から上に向かって移動する）　例：拿起 náqi（持ち上げる）
“回”“huí”（もとの所に戻る）　例：送回 sònghui（送り返す）
“过”“guò”（過ぎる）　例：走过 zǒuguo（通り過ぎる）

▸他跑来了。　Tā pǎolai le.
▸她说出一个秘密。　Tā shuōchu yí ge mìmì.

秘密 【名】秘密
mìmì

複合方向補語　“来”“去”とほかの方向補語を組み合わせる。

	上	下	进	出	回	过	起
来	上来	下来	进来	出来	回来	过来	起来
去	上去	下去	进去	出去	回去	过去	＼

▸老师从教室里走出来了。　Lǎoshī cóng jiàoshì li zǒuchulai le.
▸他没站起来。　Tā méi zhànqilai.

※場所を表す目的語は動詞と方向補語“来”“去”の間に置く。

▸他回宿舍去了。　Tā huí sùshè qu le.
▸她进车里来了。　Tā jìn chē li lai le.

站 【動】立つ
zhàn
宿舍 【名】寮
sùshè

2 前置詞“给”　～に

主語 ＋“给”＋ 人 ＋ 動詞

▸你给妈妈买了什么？　Nǐ gěi māma mǎile shénme?
——我给妈妈买了一件毛衣。　Wǒ gěi māma mǎile yí jiàn máoyī.

毛衣 【名】セーター
máoyī

▸你给他打电话吗？　Nǐ gěi tā dǎ diànhuà ma?
——我不给他打电话。　Wǒ bù gěi tā dǎ diànhuà.

※否定文は、“不”か“没”を“给”の前に置く。

3 "因为～，所以～"

「"因为"＋原因，"所以"＋結果」

原因や理由を説明する。

▶今天你为什么没去上学？ Jīntiān nǐ wèishénme méi qù shàngxué?
——因为我发烧了，所以今天我没去上学。
Yīnwèi wǒ fāshāo le, suǒyǐ jīntiān wǒ méi qù shàngxué.

▶你为什么迟到了？ Nǐ wèishénme chídào le?
——我没赶上地铁， Wǒ méi gǎnshang dìtiě,
所以我迟到了。 suǒyǐ wǒ chídào le.

迟到 chídào 【動】遅刻する
赶上 gǎnshang 【連】間に合う

※"因为"と"所以"は呼応して両方使ってもよいが、片方を省略して、それぞれ独立で使うこともある。

関連語句

165

- □ 路上 lùshang 【名】途中、道中
- □ 发生事故 fāshēng shìgù 【連】事故が起きる
- □ 停电 tíngdiàn 【動】停電する
- □ 堵车 dǔchē 【動】交通渋滞になる
- □ 有事儿 yǒu shìr 【連】用事がある
- □ 信 xìn 【名】手紙
- □ 明信片 míngxìnpiàn 【名】はがき

練習問題

1 音声を聞いて、絵と一致する語句を完成しましょう。 166

①

（　　　　　　　　）。

②

（　　　　　　　　）。

③ 

（　　　　　　　）。

④ 

（　　　　　　　）。

2 発音を聞いて簡体字で書き取りましょう。 167

①

②

③

④

3 次のピンインを簡体字に直し、日本語に訳してください。

① Wǒ gěi māma mǎile yí jiàn máoyī.

簡体字 ＿＿＿＿　日本語 ＿＿＿＿

② Wǒ chídào le.

簡体字 ＿＿＿＿　日本語 ＿＿＿＿

4 日本語の意味に合わせて、単語を順に並べ替えてください。

① 停电　我　昨晚　没　了　写作业　因为　所以

（昨夜停電したので、私は宿題をしませんでした。）

② 我　写信　你　给（私はあなたに手紙を書きます。）

5 次の文を中国語に訳してください。

① 聞く所によると、あなたはもう少しで日本に帰るそうですね。

② 彼は友達に電話をかけます。

12

B 篇 (piān)

168

王小帅： 这 是 我 送 你 的 礼物。
Zhè shì wǒ sòng nǐ de lǐwù.

福田千惠： 好 可爱。我 要 把 它 摆在 我 的 书桌 上。
Hǎo kě'ài. Wǒ yào bǎ tā bǎizài wǒ de shūzhuō shang.

王小帅： 欢迎 你 再 来 中国。
Huānyíng nǐ zài lái Zhōngguó.

福田千惠： 有 机会 的 话，我 一定 再 来。
Yǒu jīhuì de huà, wǒ yídìng zài lái.

新出語句

169

- 送(给) sòng(gěi)【動】贈る、あげる
- 礼物 lǐwù【名】贈り物
- 好 hǎo【副】とても、なんと～だろう（程度がはなはだしいことを強調する）
- 可爱 kě'ài【形】かわいい
- 把 bǎ【前】～を（～する）
- 摆 bǎi【動】陳列する、並べる
- 书桌 shūzhuō【名】勉強机
- 欢迎 huānyíng【動】歓迎する
- 再 zài【副】また、もう一度
- 机会 jīhuì【名】機会
- 的话 de huà【連】～ならば

文法ポイント

170

1 “把”構文

主語 + “把” + 目的語 + 動詞

“把” を用い、目的語を動詞の前に引き出し、動作によって目的語が移動したり、変化したりすることを強調する。

▶他把什么修好了？　Tā bǎ shénme xiūhǎo le?
——他把电脑修好了。　Tā bǎ diànnǎo xiūhǎo le.

▶你把简历给他了吗？　Nǐ bǎ jiǎnlì gěi tā le ma?
——我没把简历给他。　Wǒ méi bǎ jiǎnlì gěi tā.

※目的語は特定のもの。

修 【動】修理する
xiū
简历 【名】履歴書
jiǎnlì

12

2 副詞“再”　「また、もう一度」

▶你听懂了吗？　Nǐ tīngdǒng le ma?
——对不起，我没听懂。　Duìbuqǐ, wǒ méi tīngdǒng.
请再说一遍。　Qǐng zài shuō yí biàn.

▶再见。　Zài jiàn.
——再见。　Zài jiàn.

对不起 【連】すみません
duìbuqǐ
遍 【量】遍
biàn

関連語句

171

- □ 礼物 lǐwù 【名】贈り物
- □ 照片 zhàopiàn 【名】写真
- □ 蛋糕 dàngāo 【名】ケーキ
- □ 钥匙 yàoshi 【名】カギ
- □ 酷 kù 【形】格好がいい、クールである
- □ 帅 shuài 【形】イケメン
- □ 特产 tèchǎn 【名】お土産
- □ 巧克力 qiǎokèlì 【名】チョコレート
- □ 忘 wàng 【動】忘れる

練習問題

1 音声を聞いて、絵と一致する語句を完成しましょう。 172

①

（　　　　　　　　　　　　）。

②

（　　　　　　　　　　　　）。

③

（　　　　　　　　　　　　）。

④

（　　　　　　　　　　　　）。

2 発音を聞いて簡体字で書き取りましょう。 173

① ______________________

② ______________________

③ ______________________

④ ______________________

3 次のピンインを簡体字に直し、日本語に訳してください。

① Qǐng zài shuō yí biàn.

簡体字 ______________________

日本語 ______________________

② Tā bǎ diànnǎo xiūhǎo le.

簡体字 ______________________

日本語 ______________________

4 日本語の意味に合わせて、単語を順に並べ替えてください。

① 去 想 我 有机会 的话 美国（機会があれば、アメリカに行きたいです。）

____

② 简历 他 把 了 写完（彼は履歴書を書き終えました。）

____

5 次の文を中国語に訳してください。

① 彼はスマホを修理しました。（“把” を使う。）

____

② もう一度言ってください。

____

日本の都道府県　中国語一覧

日本語	簡体字	ピンイン
北海道	北海道	Běihǎidào
青森県	青森县	Qīngsēnxiàn
岩手県	岩手县	Yánshǒuxiàn
宮城県	宫城县	Gōngchéngxiàn
秋田県	秋田县	Qiūtiánxiàn
山形県	山形县	Shānxíngxiàn
福島県	福岛县	Fúdǎoxiàn
茨城県	茨城县	Cíchéngxiàn
栃木県	枥木县	Lìmùxiàn
群馬県	群马县	Qúnmǎxiàn
埼玉県	琦玉县	Qíyùxiàn
千葉県	千叶县	Qiānyèxiàn
東京都	东京都	Dōngjīngdū
神奈川県	神奈川县	Shénnàichuānxiàn
新潟県	新泻县	Xīnxièxiàn
富山県	富山县	Fùshānxiàn
石川県	石川县	Shíchuānxiàn
福井県	福井县	Fújǐngxiàn
山梨県	山梨县	Shānlíxiàn
長野県	长野县	Chángyěxiàn
岐阜県	岐阜县	Qífùxiàn
静岡県	静冈县	Jìnggāngxiàn
愛知県	爱知县	Àizhīxiàn
三重県	三重县	Sānchóngxiàn

日本語	簡体字	ピンイン
滋賀県	滋贺县	Zīhèxiàn
京都府	京都府	Jīngdūfǔ
大阪府	大阪府	Dàbǎnfǔ
兵庫県	兵库县	Bīngkùxiàn
奈良県	奈良县	Nàiliángxiàn
和歌山県	和歌山县	Hégēshānxiàn
鳥取県	鸟取县	Niǎoqǔxiàn
島根県	岛根县	Dǎogēnxiàn
岡山県	冈山县	Gāngshānxiàn
広島県	广岛县	Guǎngdǎoxiàn
山口県	山口县	Shānkǒuxiàn
徳島県	德岛县	Dédǎoxiàn
香川県	香川县	Xiāngchuānxiàn
愛媛県	爱媛县	Àiyuánxiàn
高知県	高知县	Gāozhīxiàn
福岡県	福冈县	Fúgāngxiàn
佐賀県	佐贺县	Zuǒhèxiàn
長崎県	长崎县	Chángqíxiàn
熊本県	熊本县	Xióngběnxiàn
大分県	大分县	Dàfēnxiàn
宮崎県	宫崎县	Gōngqíxiàn
鹿児島県	鹿儿岛县	Lù'érdǎoxiàn
沖縄県	冲绳县	Chōngshéngxiàn

よく使う量詞

把 bǎ	柄や取っ手のついている器具を数える。	刀、伞、椅子 dāo sǎn yǐzi
包 bāo	包んだものを数える。	香烟 xiāngyān
笔 bǐ	金銭または金銭と関係あるものを数える。	钱、收入、开销 qián shōurù kāixiāo
部 bù	機械、車両、映画フイルム、書籍、劇を数える。	电影、汽车、手机、电话、书 diànyǐng qìchē shǒujī diànhuà shū
场 chǎng	芝居の場、試合、上演回数、天候変化を数える。	比赛、球赛、京剧、风、雪 bǐsài qiúsài jīngjù fēng xuě
滴 dī	しずくを数える。	泪、油、血、水、汗 lèi yóu xuè shuǐ hàn
段 duàn	区切り、段落を数える。	时间、路、音乐、历史 shíjiān lù yīnyuè lìshǐ
朵 duǒ	花や雲などを数える。	花、云 huā yún
份 fèn	セット、そろいになったもの、仕事、感情を数える。	饭、礼物、工作、感情 fàn lǐwù gōngzuò gǎnqíng
幅 fú	地図、画を数える。	画、地图 huà dìtú
副 fù	セットや組になっているものを数える。	手套、眼镜、 shǒutào yǎnjìng
个 ge	人やものなどを数える。最も広く用いられる量詞。	人、苹果 rén píngguǒ
根 gēn	細長いものを数える。	管子、骨头、头发、香肠、竹子、葱 guǎnzi gǔtou tóufa xiāngcháng zhúzi cōng
户（戸） hù	家を数える。	家庭、居民 jiātíng jūmín
棵（株、本） kē	木、草を数える。	树、白菜、葱 shù báicài cōng
颗 kē	粒のようなものを数える。	星星、珍珠、牙齿、种子、心 xīngxing zhēnzhū yáchǐ zhǒngzi xīn
块 kuài	かたまり、片状のものを数える。	饼干、豆腐、石头 bǐnggān dòufu shítou
家 jiā	家庭や商店、企業を数える。	饭店、工厂、商店、书店 fàndiàn gōngchǎng shāngdiàn shūdiàn
间 jiān	部屋を数える。	屋子、办公室、教室 wūzi bàngōngshì jiàoshì
件 jiàn	衣類や事柄、事件を数える。	衬衣、毛衣、事情 chènyī máoyī shìqing
节 jié	区切りに分けられるものを数える。	课、电池、车厢、藕 kè diànchí chēxiāng ǒu

届（期、回） jiè	定期会議や卒業の年度を数える。	毕业生、 会议 bìyèshēng huìyì
粒（粒） lì	粒状のものを数える。	花生、 沙子、豆子 huāshēng shāzi dòuzi
门 mén	学科や技術を数える。	学问、 技术、课程 xuéwen jìshù kèchéng
面 miàn	平たいものを数える。	鼓、镜子、旗、墙 gǔ jìngzi qí qiáng
批 pī	まとまった数量のものや同時に行動する多くの人を１単位として数える。	货、客人、商品、 武器 huò kèrén shāngpǐn wǔqì
匹 pǐ	ウマを数える。	马 mǎ
篇 piān	文章を数える。	文章、 课文 wénzhāng kèwén
片 piàn	偏平な形をしているものを数える。面積や範囲の広いものに用いる。	面包、 肉、药、云、 海 miànbāo ròu yào yún hǎi
扇 shàn	扉や窓を数える。	门、 窗 mén chuāng
首 shǒu	詩や歌を数える。	诗、曲子、歌儿 shī qǔzi gēr
双 shuāng	対になってるものを数える。	手、 鞋、袜子、眼睛、 筷子 shǒu xié wàzi yǎnjīng kuàizi
所 suǒ	学校や病院を数える。	学校、 医院 xuéxiào yīyuàn
台 tái	機械や設備、舞台で演じられる出し物を数える。	电视机、冰箱、 戏 diànshìjī bīngxiāng xì
套 tào	セットのなっているものを数える。技術、やり方についていう。	餐具、衣服、邮票、 办法 cānjù yīfu yóupiào bànfǎ
条 tiáo	細長い形のものや動物を数える。ニュース、情報に用いる。	狗、金鱼、蛇、新闻 gǒu jīnyú shé xīnwén
位 wèi	敬意をもって人を数える。	客人、老师、先生、 女士 kèrén lǎoshī xiānsheng nǚshì
项 xiàng	スポーツの種目や任務、成果に用いる。	运动、 任务、成果 yùndòng rènwu chéngguǒ
张 zhāng	紙など平らなものを数える。	报纸、票、照片、 桌子 bàozhǐ piào zhàopiàn zhuōzi
支 zhī	棒状のものを数える。歌や曲を数える。	笔、蜡烛、牙膏、曲子 bǐ làzhú yágāo qǔzi
枝 zhī	枝についてる花を数える。	花 huā
只 zhī	動物を数える。対になっているものの１つを数える。	蜜蜂、 鸡、羊、 手 mìfēng jī yáng shǒu
座 zuò	比較に大型のもの、あるいは固定したものを数える。	山、 宫殿、 雕像 shān gōngdiàn diāoxiàng

単語リスト

※数字は課数を表す

A

a	啊	2B
Ābōwǔ	阿波舞	3A
ài	唉	7B
àihào	爱好	8A

B

bǎ	把	12B
bàba	爸爸	2A
ba	吧	2B
bǎi	摆	12B
bàn	半	5A
bàngōngshì	办公室	3A
bàngqiú bǐsài	棒球比赛	7B
bàngwǎn	傍晚	9A
bǎo	饱	7A
bāo jiǎozi	包饺子	8B
bàoyǔ	暴雨	9A
bēi	杯	7A
Běihǎidào	北海道	10A
Běijīng huánqiú yǐngchéng	北京环球影城	10A
Běijīng Kǎoyā	北京烤鸭	4B
bǐ	比	9B
bǐdài	笔袋	2A
bǐjìběn	笔记本	2A
bízi	鼻子	11A
biàn	遍	12B
biànlìdiàn	便利店	3A
bié	别	9A
bīngxiāng	冰箱	6A
bówùguǎn	博物馆	10A
bù	不	1A
bù	部	5A
bùshūfu	不舒服	11A
bú tài	不太	5B
bùxíng	不行	8B
bùxíng	步行	10B

C

cǎoméi	草莓	6B
cānjiā	参加	10A
chà	差	5A
cháguǎn	茶馆	4B
cháng	尝	7A
chǎofàn	炒饭	8B
chāoshì	超市	3A
chènshān	衬衫	6B
chēnghu	称呼	1B
chī	吃	2B
chídào	迟到	12A
chīfàn	吃饭	4B
chī wǎnfàn	吃晚饭	5A
chī wǔfàn	吃午饭	5B
chī yào	吃药	11B
Chòudòufu	臭豆腐	8A
Chūcì jiànmiàn, qǐng duō guānzhào	初次见面，请多关照	1B
chūfā	出发	4A
chúfáng	厨房	6A
chūkǒu	出口	6A
chūmén	出门	5A
chúshī	厨师	1A
chuántǒng jiérì	传统节日	3A
chuáng	床	6A
chūntiān	春天	9B
cóng	从	10B

D

dà	大	9B
dǎchē	打车	11A
dǎ diǎndī	打点滴	11B
dǎgōng	打工	10A
dǎ lánqiú	打篮球	7B
dǎ pīngpāngqiú	打乒乓球	7B
dǎsuàn	打算	10A
dǎ tàijíquán	打太极拳	5B
dàxué	大学	3A
dàxuéshēng	大学生	1A
dǎzhēn	打针	11B
dài	带	9A
dàifu	大夫	11B
dàngāo	蛋糕	12B
dānxīn	担心	9A
dào	到	10B
de	的	2A
de	得	7B
děi	得	11B
Dédǎo	德岛	3A
Déguórén	德国人	1A
~ de huà	～的话	12B
Déyǔ	德语	2B
dēng	灯	7B

hǎohāor	好好儿	11B
hē	喝	4B
hé	和	3A
hěn	很	1B
hóngsè	红色	8A
hùshi	护士	11B
hùzhào	护照	2A
huábīng	滑冰	7B
huādiàn	花店	10B
huáxuě	滑雪	7B
huàyàn	化验	11B
huán	还	11B
huānyíng	欢迎	12B
huí	回	12A
huì	会	8B
huì	会	9A
huíguōròu	回锅肉	8B
huíjiā	回家	5A
huǒchēpiào	火车票	6B
huǒchēzhàn	火车站	3A

J

jǐ	几	3B
jì	记	10A
jìzhù	记住	10A
jīchǎng	机场	3A
jīdàn	鸡蛋	7A
jīhuì	机会	12B
jìjié	季节	9B
jǐ kǒu rén	几口人	3B
jiā	家	2A
jiā	加	2B
jiǎozi	饺子	8B
jiàn	件	6B
jiǎnféi	减肥	11B
jiǎnlì	简历	12B
jiànshēn zhōngxīn	健身中心	10B
jiàngtāng	酱汤	7A
jiāo	教	8B
jiào	叫	1B
jiǎo	脚	11A
jiàokēshū	教科书	2A
jié	节	5A
jiějie	姐姐	3B
jiéshù	结束	5A
jīnnián	今年	3B
jīntiān	今天	4A
jīnwǎn	今晚	11B
jìn	近	10B
jǐngchá	警察	1A
Jīngdū	京都	4B
jīngjìxì	经济系	2B
jīngjù	京剧	10A
jiù	就	6A
jiǔcài	韭菜	8A
jiù yào ~ le	就要～了	4A

K

kāfēi	咖啡	2B
kāfēidiàn	咖啡店	3A
kāi	开	7A
kāi	开	7B
kāichē	开车	8A
kāishǐ	开始	5A
kāixīn	开心	5B
kāixué	开学	9B
kāiyào (fāng)	开药（方）	11B
kàn	看	2B
kàn diànshì	看电视	5B
kàn dòngmàn	看动漫	7B
kàn zhǎnlǎn	看展览	4B
kǎoshì	考试	5A
kè	刻	5A
kè	课	5B
kě'ài	可爱	12B
kèchéng	课程	12A
kèrén	客人	3B
kètīng	客厅	6A
kěyǐ	可以	8B
kù	酷	12B
kǔguā	苦瓜	8A
kùzi	裤子	6B
kuài	块	6B
kuài	快	7B
kùn	困	8A

L

lāmiàn	拉面	8B
là	辣	8A
làjiāo	辣椒	8A
lái	来	2A
lánsè	蓝色	8A
lǎobǎn	老板	8B
lǎojiā	老家	3A
lǎolao	姥姥	3B
lǎoshī	老师	1A
lǎoye	姥爷	3B
le	了	7A
lèi	累	11A
lěng	冷	9B
lí	离	10B
li	里	3A

lǐfàdiàn	理发店	10 B
lǐwù	礼物	12 B
liàn (xí)	练（习）	7 B
liányīqún	连衣裙	7 B
liǎng	两	3 B
liángshuǎng	凉爽	9 B
líng	零	5 A
liúlián	榴莲	8 A
liúxuéshēng	留学生	1 A
lù	路	6 A
lùshang	路上	12 A

M

ma	吗	1 A
māma	妈妈	3 B
mǎshàng	马上	4 A
mǎi	买	6 A
mài	卖	6 A
mǎi dōngxi	买东西	11 B
máng	忙	5 B
māo	猫	2 A
máoyī	毛衣	12 A
màozi	帽子	6 B
méi	没	4 B
méiyǒu	没有	3 A
méiguīhuā	玫瑰花	8 A
Měiguórén	美国人	1 A
méijīngdǎcǎi	没精打采	11 A
měi	美	5 B
měilì	美丽	2 A
měinián	每年	3 A
měitiān	每天	4 A
méiwèntí	没问题	8 B
měizhōu	每周	4 A
mǐfàn	米饭	7 A
mìmì	秘密	12 A
miànbāo	面包	7 A
miànbāodiàn	面包店	10 B
míngtiān	明天	4 A
míngxìnpiàn	明信片	12 A
míngzi	名字	1 B

N

ná	拿	10 A
nà	那	2 A
nà	那	4 B
nàdòu	纳豆	2 B
nǎr	哪儿	3 A
nà jiù hǎo	那就好	9 A
nǎinai	奶奶	3 B
nán	难	5 B
nánde / nánrén	男的／男人	1 B
nánpéngyou	男朋友	3 B
nánshēng	男生	1 B
ne	呢	2 B
ne	呢	7 B
néng	能	8 A
nǐ	你	1 A
nǐmen	你们	1 A
Nǐ hǎo	你好	1 A
nián	年	4 A
niánlíng	年龄	3 B
nín	您	1 A
niúnǎi	牛奶	7 A
niúròufàn	牛肉饭	8 B
niúzǎikù	牛仔裤	6 B
nǚde / nǚrén	女的／女人	1 B
nǚshēng	女生	1 B
nǚshì	女士	1 B
nuǎnhuo	暖和	9 B

P

pàichūsuǒ	派出所	3 A
pángbiānr	旁边儿	6 A
pǎo	跑	8 A
péngyou	朋友	2 B
pídàn	皮蛋	8 A
piào	票	10 A
piàoliang	漂亮	5 B

Q

qí	骑	10 B
qíchē	骑车	10 B
qìchē	汽车	9 B
qǐchuáng	起床	5 A
qīmò kǎoshì	期末考试	4 A
qí zìxíngchē	骑自行车	4 B
qiánbāo	钱包	2 A
qiānbǐ	铅笔	2 A
qiáng	墙	9 A
qiǎokèlì	巧克力	12 B
qíng	晴	9 A
qǐngjià	请假	11 B
Qīngjiāo ròusī	青椒肉丝	8 B
qiūtiān	秋天	9 B
qù	去	4 B
qù lǚxíng	去旅行	10 A
quánchéng mǎlāsōng	全程马拉松	8 A

R

ràng	让	11 B
rén	人	3 A

rènshi	认识	1B
rì	日	4A
Rìběn	日本	1A
rìběnliàolǐ	日本料理	8B
Rìběnrén	日本人	1A
Rìyǔ	日语	2B
rùkǒu	入口	6A

S

sànbù	散步	5B
sǎngzi	嗓子	11A
sǎomǎ	扫码	6B
shàncháng	擅长	8A
shàng	上	3A
shàng ge yuè	上个月	4A
shàngkè	上课	5B
shàngwǎng	上网	8A
shàngwǎng gòuwù	上网购物	8A
shàng wǎngkè	上网课	5B
shàngwǔ	上午	5A
shàngxué	上学	5A
shàng zhōu	上周	4A
shěbude	舍不得	12A
shénme	什么	1B
shénme shíhou	什么时候	2A
shēngbìng	生病	11A
shēngdiào	声调	7B
shēnghuó	生活	2A
shēngrì	生日	4A
shēngrì dàngāo	生日蛋糕	4B
shēngyīn	声音	9A
shì	是	1A
shì	试	7A
shíhou	时候	4B
shíjiān	时间	5A
shítáng	食堂	5B
shíwù	食物	8A
shìyījiān	试衣间	6B
shǒu	手	11A
shǒujī	手机	6A
shòupiàochù	售票处	6A
shōushi	收拾	11B
shòusī	寿司	8B
shōuyíntái	收银台	6B
shū	书	2A
shūbāo	书包	2A
shūdiàn	书店	10B
shūzhuō	书桌	12B
shuài	帅	12B
shuāng	双	6B
shuí	谁	2A
shuǐguǒ	水果	4B
shuìjiào	睡觉	2A
shuō	说	2B
Sìchuān huǒguō	四川火锅	8A
sòng (gěi)	送（给）	12B
sùshè	宿舍	12A
suì	岁	3B
suǒyǐ	所以	12A

T

tā	他	1A
tā	她	1A
tā	它	1A
tāmen	他们	1A
tāmen	她们	1A
tāmen	它们	1A
tái	台	6A
táifēng	台风	9A
tài ~ le	太～了	4B
tán gāngqín	弹钢琴	8B
tán jítā	弹吉他	7B
tèbié	特别	5B
tèchǎn	特产	12B
téng	疼	11A
tī zúqiú	踢足球	7B
tiān	天	5A
tiānqì yùbào shuō	天气预报说	9A
tiáo	条	5B
tīng	听	2B
tíngchēchǎng	停车场	6A
tíngdiàn	停电	12A
tīnglìkè	听力课	5A
tīngshuō	听说	12A
tīng yīnyuè	听音乐	8A
tóngxué	同学	2B
tóu	头	11A
túshūguǎn	图书馆	3A
tuǐ	腿	11A
T xùshān	T 恤衫	6B

W

wa	哇	7A
wàimiàn	外面	9A
wàiyǔxì	外语系	2B
wǎn	碗	7A
wánr yóuxì	玩儿游戏	8A
Wànlǐ chángchéng	万里长城	10A
wǎnshang	晚上	5A
wàng	忘	12B
wèi	胃	11A
wéijīn	围巾	5B

wèishénme	为什么	2A
Wēixìn	微信	2B
wénxuéxì	文学系	2B
wǒ	我	1A
wǒmen	我们	1A
wòshì	卧室	6A
wūdōngmiàn	乌冬面	7A
wūlóngchá	乌龙茶	6A

X

xīguā	西瓜	6B
xǐhuan	喜欢	8A
xǐshǒujiān	洗手间	3A
xǐyīdiàn	洗衣店	10B
xǐyījī	洗衣机	6A
xià ge yuè	下个月	4A
xiàkè	下课	4A
xiàtiān	夏天	9B
xiàwǔ	下午	5A
xiàyǔ	下雨	9A
xià zhōu	下周	4A
xià zhōusān	下周三	4A
xiān	先	6B
xiānsheng	先生	1B
xiànzài	现在	5A
xiǎng	想	6A
xiāngcài	香菜	8A
xiāngjiāo	香蕉	7A
xiàngpí	橡皮	2A
xiǎodòngwù	小动物	8A
xiǎogǒu	小狗	8A
xiǎolóngbāo	小笼包	8B
xiǎomàidiàn	小卖店	6A
xiǎoshí	小时	5A
xiǎoxuéshēng	小学生	1A
Xiàoyuán kǎ	校园卡	6B
xiě	写	2B
xiěwán	写完	10A
xìn	信	12A
xīnkǔ	辛苦	11B
xìng	姓	1B
xìngfú	幸福	2A
xíngli	行李	2A
xīngqī	星期	4A
xiōng	胸	11A
xiōngdì jiěmèi	兄弟姐妹	3B
xiū	修	12B
xiūxi	休息	7B
xiūxishì	休息室	3A
xuǎn	选	10A
xuě	雪	9A
xué (xí)	学（习）	2B
xuédì	学弟	1B
xuéjiě	学姐	1B
xuémèi	学妹	1B
xuésheng	学生	1A
xuéshēngzhèng	学生证	2A
xuéxí bàogào	学习报告	10A
xuéxiào	学校	2A
xuézhǎng	学长	1B

Y

yǎnjiǎng	演讲	7B
yǎnjīng	眼睛	11A
yào	要	6A
yào	要	10B
yàoshi	钥匙	12B
yě	也	2B
yèshì	夜市	9B
yéye	爷爷	3B
yìdiǎnr	一点儿	9B
yídìng	一定	9A
yīfu	衣服	7B
yǐhòu	以后	9B
yǐjīng	已经	7A
yìmiàn	意面	8B
yīshēng	医生	11B
yīxuéxì	医学系	2B
yīn	阴	9A
yīnyuèhuì	音乐会	10A
yīnyuètīng	音乐厅	3A
yǐnliào	饮料	7A
yīnwèi	因为	12A
yīnghuā	樱花	2A
yīngtáo	樱桃	7A
Yīngyǔ	英语	2B
yǒu	有	3A
yǒudiǎnr	有点儿	11A
yóujú	邮局	3A
yǒumíng	有名	3A
yǒu shìr	有事儿	12A
yóutiáo	油条	7A
yóuxìjī	游戏机	6A
yǒuyìsi	有意思	5B
yóuyǒng	游泳	10B
yǔ	雨	9A
yúlánpénhuì	盂兰盆会	3A
yǔsǎn	雨伞	9A
yùshì	浴室	6A
yuǎn	远	10B
yuánzhūbǐ	圆珠笔	2A
yuànzi	院子	9A

yuè	月	4 A
yùndòng	运动	8 A
yùndòngxié	运动鞋	6 B

Z

zài	在	3 A
zài	在	5 B
zài	在	7 B
zài	再	12 B
zánmen	咱们	1 A
zǎodiǎnr	早点儿	11 B
zǎofàn	早饭	7 A
zāogāo	糟糕	9 A
zǎoshang	早上	5 A
zǎoshì	早市	9 B
zǎotuì	早退	11 B
zěnme	怎么	1 B
zěnme le	怎么了	11 A
zěnmeyàng	怎么样	7 B
zhàn	站	12 A
zhǎnlǎn	展览	10 A
zhāng	张	6 A
zhǎo	找	10 A
zhàopiàn	照片	9 A
zhe	着	7 B
zhè	这	2 A
zhēn	真	7 A
zhèng (zài)	正（在）	7 B
zhī	支	8 B
zhíwùyuán	植物园	10 B
zhōng	钟	7 B
zhōngguócài	中国菜	8 B
Zhōngguórén	中国人	1 A
Zhōngwén / Hànyǔ	中文 / 汉语	2 B
zhōngxuéshēng	中学生	1 A
zhōu	周	4 A
zhōumò	周末	10 A
zhùyuàn	住院	11 B
zhuānyè	专业	2 B
zhǔnbèi	准备	7 B
zhuōzi	桌子	3 A
zìxíngchē	自行车	10 B
zuì	最	3 A
zuǐ	嘴	11 A
zuìjìn	最近	11 B
zuò	坐	4 B
zuò	做	8 B
zuòfǎ	做法	8 B
zuò gōngjiāochē	坐公交车	4 B
zuótiān	昨天	4 A
zuówǎn	昨晚	11 A
zuòyè	作业	2 B
zuǒyòu	左右	5 A

著者

鄭　嵐
　徳島大学中国語講師

SPECIAL THANKS
大村和人　徳島大学教養教育院准教授

表紙・本文デザイン・イラスト　メディアアート

音声吹込　李軼倫　李洵

4行会話で即効！すぐに話せる中国語入門

検印省略　© 2024年3月31日　初版発行

著　者　鄭　嵐

発行者　小川　洋一郎
発行所　株式会社　朝日出版社
〒101-0065　東京都千代田区西神田3-3-5
電話(03)3239-0271･72(直通)
振替口座　東京　00140-2-46008
http://www.asahipress.com/
倉敷印刷

乱丁・落丁本はお取り替えいたします
ISBN978-4-255-45402-3 C1087